# 少林功夫二段教程

SHAOLINGONGFU ERDUAN JIAOCHENG

释永信　主编

人民体育出版社

**图书在版编目（CIP）数据**

少林功夫二段教程 / 释永信主编. -- 北京：人民
体育出版社, 2024
　少林功夫段品制系列教程
　ISBN 978-7-5009-6470-4

　Ⅰ.①少… Ⅱ.①释… Ⅲ.①少林武术—教材 Ⅳ.
①G852

中国国家版本馆CIP数据核字(2024)第111723号

\*

人民体育出版社出版发行
北京新华印刷有限公司印刷
新 华 书 店 经 销
\*
787×1092　16开本　9.25印张　184千字
2024年7月第1版　2024年7月第1次印刷
印数：1—13,000册
\*
ISBN 978-7-5009-6470-4
定价：32.00元

社址：北京市东城区体育馆路8号（天坛公园东门）
电话：67151482（发行部）　　　邮编：100061
传真：67151483　　　　　　　　邮购：67118491
网址：www.psphpress.com
（购买本社图书，如遇有缺损页可与邮购部联系）

# 编 委 会

# 继承传统　走向世界

## 释永信

少林功夫是少林文化的典型代表，是中国传统文化的瑰宝。随着中国的发展，中国与世界各国的对外交流越来越密切，少林功夫也越来越多的被不同民族、国家的大众所了解和喜爱。少林功夫是一种健康的生活方式，这种生活方式超越了宗教、种族、语言、性别、年龄的限制，不但能让修习者有一个强健的体魄，更能让修习者的心灵得到净化提升，获得当下的幸福和愉悦；这种生活方式具有普世价值，一千多年来一直被传播弘扬。

为了让更多的人能够体验到这种健康的生活方式，20世纪90年代初期，我就提出过建立少林功夫段位制的想法，但由于条件不成熟，未能实施。进入21世纪以来，随着少林功夫走出去的进程不断加快，分布在世界各地的少林文化中心以及众多的少林弟子在传授少林功夫的过程中，都不断向我们提出希望建立少林功夫标准化体系，为广大的海外少林功夫习练者给予水平认定的迫切要求，我们认识到少林功夫段位制的建立是影响少林功夫海外传播，亟待进行研究的课题。

经过长时间的酝酿和筹备，2018年7月少林寺启动了此项工作，由河南大学中原武术研究院洪浩教授领衔的科研团队承担此项研制任务。少林寺是千年古寺，河南大学是百年名校，两家联袂来完成这一影响少林功夫在新时代发展的重要任务，相信能产出高质量的研究成果。

放眼世界体坛，当今流行的体育运动都有一个共同的特征，即具有统一的标准化体系。体育作为一种身体文化，每个社会个体都有着不同的身体表达，框定他们的有效办法就是采用统一的标准化体系进行评判。西方奥林匹克运动凭借着统一严密、便于操作、易于竞赛和评判的标准化体系而迅速广播全球。亚洲的日本柔道和韩国跆拳道凭借考评标准清晰的段位晋升制度而迅速走出国门，传入西方，率先成为奥运会正式竞赛项目中的东方体育项目。他山之石，可以攻玉。少林功夫在全世界进行普及推广，同样要制定一个适合全世界人们的标准化体系，唯有如此方能在统一的标准尺度下对不同地区的少林功夫习练者进行水平评定。

毋庸置疑，少林功夫在新时代的发展需要借鉴现代体育成功的传播方式，但是对于具有1500多年历史的禅宗祖庭少林寺，对于内容博大的少林功夫体系来说，我们有足够的文化自信，我们必须建立符合少林功夫文化特质的标准化体系。习近平总书记指出，构建中国特色哲学社会科学要坚持不忘本来、吸收外来、面向未来。这也为少林功夫段品制研制工作指明了方向。首先，我们要对少林功夫进行深入而系统的整理，要在精准把握少林功夫文化传统的基础上构建少林功夫的标准化体系；其次，我们认真研究域外武技项目的段位制，借鉴其成功的经验与做法；再者，我们要认真考虑新时代对少林功夫发展提出的新要求，要打破固有思维的藩篱，充分适应现代社会，真正构建起具有原创性、标识性、时代性的少林功夫标准化体系，唯有如此才能开拓创新，与时俱进。

在少林功夫段品制研制过程中，经少林寺与河南大学多次深入商讨，以及多位造访少林寺专家的随缘参与，最终将少林功夫的标准化体系命名为"少林功夫段品制"。这是研制组充分继承少林功夫传统，在借鉴其他体育项目段位制成功经验的基础上，为少林功夫在新时代所做的顶层制度设计，也是少林寺在新时代所做出的重要举措。

海外的少林弟子们得知少林功夫段品制研制之事，都十分振奋，纷纷介绍他们在海外的传播经验，有的还发来资料给予大力支持。河南大学的科研团队也十分尽力，一年中来少林寺数十次，仅专题汇报就进行了20次。暑期拍摄教学视频，洪浩、徐刚两位教授带领团队，每天早上6点之前赶到少林寺，傍晚才离开，十分敬业；示范者一遍又一遍地进行演练，衣服都湿透了，很是辛苦。对于教程出版，人民体育出版社也给予了大力支持。2019年正月初九，王成总编辑一行前来少林寺商谈出版事宜，期间下起了鹅毛大雪，因春运车票紧张，尽管大雪封山，他们也不能久留，众人推着车，费了很大劲才驶上去登封的公路，令我们很是感动。继承传统，砥砺同行。在大家的共同努力下，"少林功夫段品制系列教程"终于如期开始出版了，在此我代表少林寺对社会各界的大力支持表示衷心的感谢！

少林功夫作为人类有关自然界和宇宙的知识及实践最具代表性的文化表现形式之一，作为中华传统身体文化的结晶，作为中华

继承传统　走向世界

3

武术的杰出代表，体现着人类对高品质生命体验的理想和非凡创造力，体现着中华先民的生命智慧与身体认同，对维护人类文化多样性具有积极作用。我们期望通过"少林功夫段品制系列教程"的出版，使少林功夫的海内外传播驶上快车道，为全世界贡献出中国智慧，使少林功夫更好地服务于全人类。

是为序。

二〇一九年秋于少林寺方丈室

# 前　言

少林文化是中华传统文化的有机组成部分，不仅为国人所热爱，也逐渐被世界各族人民所接受。少林寺作为禅宗祖庭，在华夏文明的演进中发挥了积极的重要作用。千百年来，禅宗历代祖师大德以佛教信仰为基础，不断与各种文化融合，丰富禅宗的思想和内涵，形成了一种特有的生活方式。这种生活方式以消除内心的烦恼，追求当下的幸福和愉悦，达到清净超脱的状态为目标。少林功夫便是这种生活方式的一种具体表现形式。

少林功夫是指在嵩山少林寺这一特定佛教历史文化环境中形成，以佛教神力信仰为基础，充分体现佛教禅宗智慧，并以少林寺僧人修习的武术为主要表现形式的传统文化体系。少林功夫具有完整的技术和理论体系。它以武术技艺为其表现形式，以佛教信仰和禅宗智慧为其文化内涵，在动静开合中彰显着自己独特的魅力。少林功夫越来越多地被世界各国人民所喜爱，越来越多的人们开始学习少林功夫。为了与更多的众生结缘，让修习少林功夫的爱好者系统地学习少林功夫，不断地提升功夫技能和体验到当下的愉悦自在，少林寺启动了少林功夫段品制。

少林功夫段品制是嵩山少林寺制定的一项评价习练者少林功夫水平的等级制度。以此为依据编写的“少林功夫段品制系列教程”（以下简称“本系列教程”），旨在完备少林功夫段品制的考评内容和等级标准，力求通过标准化的少林功夫段品制体系的建立，加强对少林功夫的科学管理，进一步推动少林功夫的传播，引导少林功夫习练者通过升段晋品，循序渐进地了解和掌握少林功夫知识体系和技术体系，达到科学健身、弘扬中国传统文化的目的。

少林功夫段品制分段位和品阶两大系列。“段”指阶段，“段位”是在段系等级中的位置；“品”有品质、品行、品格、品德等含义，“品阶”是指在品系等级中的阶次。段位由低至高依次为一段、二段、三段、四段、五段、六段、七段、八段、九段；品阶由低至高依次为一品、二品、三品、四品、五品、六品、七品、八品、九品。"少林功夫段品制"的考评内容主要包括少林功夫理论知识、技术技能两个方面。对于七品以上的申报者，还要考评他们在少林功夫理论方面的建树和对少林功夫发展的贡献。据此，本系列教程包括《少林功夫概论》《少林功夫段位教程》《少林拳》《少林棍》《少林器械》《少林格斗》《少林功法》等。由于少林功夫内容博大，有的内容非一册教程所能涵盖。如"少林功夫段位教程"分为《少林功夫一段教程》《少林功夫二段教程》《少林功夫三段教程》《少林功夫四段教程》《少林功夫五段教程》《少林功夫六段教程》《少林功夫七段教程》《少林功夫八段教程》《少林功夫九段教程》9册教程；《少林拳》分为《少林拳（一）》《少林拳（二）》2册教程；《少林器械》分为《少林器械（一）》《少林器械（二）》《少林器械（三）》《少林器械（四）》4册教程。本系列教程的编写既是对少林功夫标准化建设的有力推动，也是对少林功夫的一次系统挖掘整理，其中《少林拳》《少林器械》的内容还将根据发展实践的需要不断充实。

在编写本系列教程的过程中，编写组主要坚持以下三个原则：一是要传承少林功夫的文化传统；二是要建立适应新时代的少林功夫段品制标准化体系；三是要考虑少林功夫段品制的社会普及性。基于此，在少林功夫段位技术标准体系的构建中，首先按照少林功夫拳械的几大类别，遴选了9套传播广泛、具有代表性的少林拳术，经多次研讨并按照难度递增的顺序将9套拳术分别作为一至九段的拳术技术标准。将每段少林拳术中的典型动作拆分出来，形成各段的招法；将各段的招法有机串联起来，即形成各段的精要套路；各段精要套路的前半段与后半段可进行对打，甲乙双方的完整演练即形成各段的精要套路对打；由此便形成主要包括传统少林拳术、招法、精要套路、精要套路对打的各段级的技术标准。

为保证段位技术体系的系统性，在遴选招法与串编精要套路的过程中，编写组重点考虑了段级标准与技术元素的衔接。各段级的技术要素组成如下：一段是打法，二段新增技术元素为踢法，三段是打法、踢法的综合；四段新增技术元素为拿法，五段新增技术元素为靠法，六段是打法、踢法、拿法、靠法的综合；七段新增技术元素为摔法，八段、九段是打法、踢法、拿法、靠法、摔法5种技术元素的综合。整体上是按照技术元素递增的顺序来串编一至九段精要套路技术，由此形成了系统的段位技术体系。

打……………………………………………一段技术元素

打、踢………………………………………二段技术元素

综合（打、踢）……………………………三段技术元素

打、踢、拿…………………………………四段技术元素

打、踢、拿、靠……………………………五段技术元素

综合（打、踢、拿、靠）…………………六段技术元素

打、踢、拿、靠、摔………………………七段技术元素

综合（打、踢、拿、靠、摔）……………八段技术元素

综合（打、踢、拿、靠、摔）……………九段技术元素

少林功夫段品制是一个科学的技术与理论体系，可引导少林功夫爱好者循序渐进地提高技术与理论水平。缘此，段位技术在元素逐段递增的同时，已有技术元素的动作难度也会随之加大，同时各段级精要套路的动作数量也在不断增加，由此形成了少林功夫段位技术体系中技术要素、动作难度、动作数量逐段递增的基本体例。各段级精要套路的技术元素与动作数量见下表：

**各段级精要套路的技术元素与动作数量统计表**

| 元素 / 段级 | 打 | 踢 | 拿 | 靠 | 摔 | 合计 |
|---|---|---|---|---|---|---|
| 一段 | 8 | | | | | 8 |
| 二段 | 9 | 1 | | | | 10 |
| 三段 | 11 | 1 | | | | 12 |
| 四段 | 14 | 1 | 1 | | | 16 |
| 五段 | 12 | 3 | 2 | 1 | | 18 |
| 六段 | 13 | 3 | 2 | 2 | | 20 |
| 七段 | 16 | 4 | 1 | 2 | 1 | 24 |
| 八段 | 18 | 2 | 2 | 1 | 3 | 26 |
| 九段 | 18 | 5 | 2 | 2 | 1 | 28 |

少林棍术享誉武坛，是少林功夫技术体系的主要代表之一，而且深受广大少林功夫习练者喜爱。经编写组主要成员多次讨论和深入研究后，达成了从七段开始增加少林棍的一致意见。

九段考评合格后，方可进入品阶体系。品阶技术则是传统的少林功夫拳械技术，以及少林格斗、少林功法内容。编写组按照技术要素与难度的不同从少林功夫内容中进行遴选，并对应设立相应的一至六品等级，从而形成完整的少林功夫段品制体系。由此，现有的广大少林功夫习练者可顺利进入品阶体系，并获得进阶少林功夫更高水平的阶梯。

本系列教程既有专册的《少林功夫概论》理论教程，还将少林寺历史、少林功夫的概念、少林习武戒约、少林禅修等一些基本的理论知识列在每册教程之前，这样便于读者在学习少林功夫技术的同时，掌握必要的少林功夫理论，力求文武双修、德艺双馨。

本系列教程由少林寺与河南大学共同组编，先后聘请数十位武术专家、学者和研究生参与编写工作。在少林功夫段品制的服装、徽章和腰带研发，系列教程的视频与图片拍摄过程中得到了上海乾程实业集团有限公司、积呈（上海）文化发展有限公司的大力支持，在此深表感谢！在此也感谢鲸禺文创对少林功夫段品制技术运动数据采集给予的大力支持！

这套以传统的少林功夫为依据，由僧俗携手完成的"少林功夫段品制系列教程"，是少林功夫传播中的一个重大的创新，也是少林功夫发展的一个重要的里程碑。我们希望本系列教程能成为广大少林功夫爱好者学习少林功夫的重要工具，希望本系列教程能为少林功夫的海内外传播插上腾飞的翅膀。

编者

二〇一九年八月

# 目　录

目录

3

目录

# 第一章　少林寺与少林功夫

## 第一节　少林寺及少林功夫的历史

嵩山少林寺创建于北魏太和十九年（495年），是孝文帝为安置印度高僧跋陀敕建。其位于中原腹地之河南省登封市西北的中岳嵩山西支脉少室山北麓，周围山峦环抱。少林寺因地处密林深处，面对少室山，背靠五乳峰，故名"少林寺"。其与中国四大古都之一的洛阳隔山相望。少林寺是中国佛教的禅宗祖庭和少林功夫的发祥地，距今已有1500余年的历史，是中国佛教的典型代表，在中国文化史上具有独特的、里程碑式的重要历史文化地位。

少林寺创寺之初，就在佛教经典的翻译和传播方面担当了重要角色。跋陀有两位高徒，慧光是律学巨匠，僧稠被誉为"葱岭以东，禅学之最"。永平元年（58年），印度高僧勒拿摩提和菩提流支先后来到少林寺，开辟译场，在少林寺西台舍利塔后建翻经堂，由慧光助译，共同翻译印度世亲菩萨《十地经论》，历经三年完成，成为当时"地论学派"的中心。

少林寺最先奠定中国佛教的最重要基础——戒律，在律宗、律学方面具有崇高地位。律是佛教三藏经典体系之一，诠戒学。戒律是"菩提之本"。《十地经论》译出后，慧光在少林寺弘扬师说，内容包括《四分律》。慧光弟子主要有法上、道凭、灵衍、道云、道晖、灵隐等。《四分》一宗之确立，实始于慧光，在少林寺内传承有序。少林寺的早期律学，以《四分》为先，先导之以戒行、律学，然后学之以经论。少林弟子沿此双轨并进，成果累累。至初唐，根基已固，律宗开山，水到渠成。

梁武帝普通年间（520—527年），菩提达摩自南天竺抵建业（今南京），后北上北魏都城洛阳，寓止少林寺，在少林寺后山五乳峰山洞内面壁禅坐九年，开创中国佛教禅宗，被后人尊称为中国佛教禅宗初祖，少林寺也被尊为中国佛教禅宗祖庭。禅宗以大乘佛教为核心和主体，融汇儒、道而立，是佛教中国化的主要标志，也是中华文化形成的主要标志之一。禅宗的创立是少林寺文化史上的第一次飞跃。

1

隋文帝杨坚崇佛，于开皇年间（581—600年）诏赐少林寺土地100顷。少林寺从此成为拥有众多农田和庞大寺产的大寺院。隋朝末年（618年），朝廷失政，群雄蜂起，天下大乱，拥有庞大寺产的少林寺成为山贼攻击的目标，"僧徒拒之，塔院被焚"。为了保护寺产，少林寺僧人组织起武装力量与山贼作战，后来发展到训练僧兵武装，少林功夫作为少林寺的护寺力量初步形成。

唐武德二年（619年），隋将军王世充在洛阳立"郑国"称帝。派其侄王仁则占据少林寺属地柏谷屯，建辕州城。武德四年（621年）四月，少林寺昙宗等13位僧人擒拿王仁则，夺取辕州城，救秦王李世民。三天后，李世民派特使到少林寺宣慰，参战的13位僧人皆因助唐护国有功受到赏赐，昙宗被封为大将军僧，使少林寺获得巨大荣耀，也使少林武僧名扬天下。少林寺自此以武勇闻名于世。武德八年（625年）二月，朝廷帮助少林寺重建寺院，并赐给少林寺柏谷屯田地40顷，特许少林寺内扎营训练500名僧兵。

在唐代，少林寺为当时禅学重镇。唐弘道元年（683年），达摩禅重要领袖法如禅师驻锡少林寺。当时著名禅师如慧安、元珪、灵运、同光等，皆驻锡于少林寺。一代名僧玄奘法师（602—664年）曾先后两次上表，请求入少林寺修禅译经，却未获准。唐初，中国佛教禅学四大流派中，跋陀—僧稠系、勒那摩提—僧实系、菩提达摩—慧可系三家渊源于少林寺。唐长安四年（704年），义净自印度取经回国，至少林寺结戒坛，从此少林戒坛享誉天下。唐开元年间，少林寺走向繁荣。"妙楼香阁，俯映为林，金刹宝铃，上摇青汉"。一时高僧云集，帝王游幸，文人忘返。

宋朝以前，少林寺是一座律寺，在寺内设立"禅院"供修禅之用。宋哲宗时期，少林寺"转律为禅"，成为一座禅寺，开始成为禅宗的圣地。宋金时期，是少林寺"禅武医"相互融合的重要时期。北宋元符三年（1100年）正月，徽宗即位。经朝廷允准，少林寺在达摩曾经面壁的达摩洞山下修建纪念菩提达摩的初祖庵。北宋宣和四年（1122年），钦封少林寺住持"佛灯大师"慧初筹建"面壁之塔"，至钦宗靖康元年（1126年）竣工。直到宋末，少林寺僧习武的活动才又见于史册。

元朝，是少林寺历史上的中兴时期和飞跃时期。少林寺作为禅宗祖庭，曹洞法脉回归祖庭。元定宗四年（1249年），曹洞宗第十五世福裕禅师奉朝廷之命入主少林寺，标志自隋开皇十年（590年）禅宗三祖僧璨驻锡安徽潜山的山谷寺弘法，禅宗正统离嵩山少林寺祖庭650余年后，禅宗一脉曹洞正统重回祖庭少林寺。由此开启少林寺禅学历史的最辉煌时代，为该时期中国禅宗教派之轴心。福裕禅师住持少林寺期间，对元初兵燹之灾后的少林寺进行大规模整修和重建，确立了少林寺曹洞宗的地位，还创立了寺院的宗法门头制度，制定了70字的传法序列，使少林寺僧人皆视少林寺为家。元代中期，以邵元为代表的一批日本僧人到少林寺求法，成为中日文化交流史上的佳话。元仁宗延祐年间（1314—1320年），少林寺内"众常两千"，繁盛一时，历史空前。少林寺作为禅宗祖庭，地位显赫，禅学盛隆，名僧辈出，有20多个下院护持。

元朝，蒙古人信奉佛教，虽严禁民间铸造兵器，不准民间习武，连日常用铁器都受管制，菜刀和剪刀都是几户合用，但未禁止佛寺练武，少林寺是公开可以练武的少数场所之一。少林寺僧可以习武用以自卫，可以保留一定数量的僧兵。因此，很多民间武林高手都投靠少林寺，使少林武功得以借鉴各派武术所长，得到长足发展。例如太祖长拳等并非少林本学，但后来也成了少林功夫的基本拳术。元朝末年，社会大乱，在少林寺与农民起义军的对抗中，少林寺曾组织僧兵反击红巾军。

明朝近300年间，是少林功夫的大发展时期。少林功夫在实战中经受了检验，少林武术技艺达到了前所未有的水平，威名远扬，少林功夫的理论得到空前发展，形成了完整的少林武术体系和门派，因此确立了少林功夫在全国武术界的权威地位，并开始在国内广泛传播。明朝建立后，少林寺僧的习武活动开始深入发展。到明代中期的成化至弘治时，少林寺已形成大规模、有规律的演武活动。从洪武到崇祯的260多年间，少林寺习武人数最多，武僧曾多达万余人，其中应诏为将者和武术高手达800余人。至明朝后期，出现"今之武艺，天下莫不让少林焉"的盛况。嘉靖年间（1522—1566年），少林寺多次奉命派遣僧兵，协助朝廷征伐起事、抗击倭寇。少林僧兵屡建功勋，受到朝廷嘉奖。少林功夫对少林寺僧人参战地区（河南、山东、江苏、浙江、福建、云南等）和游方地区（河南伏牛山、四川峨眉山、云南鸡足山等）的武术起源和发展，都产生了深远的影响。明末清初流传至今的重要少林武术著作有4部：明释洪转《梦绿堂枪法》、明程宗猷《少林棍法阐宗》、清吴殳《手臂录》和清张孔昭《拳经拳法备要》。

清初，朝廷对与明朝关系密切的少林寺严加防范和限制，但没有严格限制和禁止少林武僧的聚众习武。康熙前期，由于战争的重创，少林寺衰落，僧人纷纷离去，寺僧大量减少。兵燹余生的少林寺"寺破山僧少"，致使武僧习武规模缩小、人数减少。清雍正五年（1727年）十一月，雍正严禁汉民习武，对少林寺尤严。自明代开始向社会传播的少林武术遭到压制和禁止，少林武术的生存空间急剧缩小。清廷虽然没能完全禁止少林寺习武，一直把习武作为宗风的少林寺僧也未停止习武，但基本不见武僧公开习武。为避开清廷查究，少林寺僧练武由公开变为隐蔽，"昼习经典，夜演武略"。少林寺僧人白天照常经课坐禅，夜间坚持在少林寺最隐蔽的后殿——千佛殿，习武不辍，以至大殿地面因长期练功发力形成陷坑，至今遗迹仍存。清后期，内外交困，清廷被迫调整严禁民间习武的政策。但是在清政府长期桎梏下，此时少林功夫的许多技艺已失传，加之热兵器兴起，作为冷兵器的武术技击作用日微。清廷对少林寺非常重视。雍正十三年（1735年），皇帝亲览寺院规划图，审定方案，重建山门，重修千佛殿。乾隆十五年（1750年），乾隆皇帝亲临少林寺，夜宿方丈室，并亲笔题诗立碑。据白衣殿壁画和文献记载，清朝以来，少林功夫的声誉更加卓著，社会传播规模更大和范围更广，仍维持很高水平，甚至超过明代，还出版了许多少林功夫的书籍。

民国初，少林寺已经没落，寺僧锐减至200多名，但仍然保持习武的传统。此时，时局动乱，寺院僧众度日艰难。少林寺购置火器成立保卫团，武术大师恒林任团长，县府命为"少林寺保卫团团总"。恒林"以菩萨心肠作金刚面目"，率少林僧兵与土匪大小数十战，皆获胜利，环寺数十村得以安居乐业。时河南省政府主席张凤台授恒林以奖状、奖章，并向少林寺紧那罗王殿献"威灵普被"的匾额。河洛道道尹阎伦如也送"少林活佛"匾额，旌表恒林开仓放粮，救济大众。1921年恒林圆寂后，弟子妙兴接任登封县僧会司及少林寺保卫团团总的职务。北伐战争期间，直系军队樊钟秀将其司令部设在少林寺内。西北军石友三部与之激战，少林寺僧人助樊阻击，终不敌而溃。1928年3月15日，石友三部纵火焚烧少林寺。次日，驻防登封的国民军（冯玉祥部）旅长苏明启指挥部队将天王殿、大雄殿、紧那罗殿、六祖殿、阎王殿、龙王殿、钟鼓楼、香积厨、库房、东西禅堂、御座房等处尽付一炬，寺内所存少林功夫资料被焚殆尽，寺内武僧四处逃散。至此，千年古刹禅宗祖庭少林寺尽遭涂炭，惨遭浩劫。

在此危难之时，素典出任少林寺知客，接纳四方，力谋重整少林。他与淳朴、贞绪一道重修了达摩亭、方丈室、山门诸殿，并广植柏树于少林。1930年素典、淳朴等共同募资重修了损毁严重的初祖庵大殿，使河南现存最为完好的北宋建筑得以保存。面对民国时少林功夫后继乏人的局面，他与贞绪等训练武僧，营建了少林中学，并任学校董事，发展教育，开设武术课，使少林功夫得以光大。民国时期，少林武术在社会上进一步流传。1937年抗日战争全面爆发后，豫西九县成立"少林武术救国会"，登封、巩县、偃师、临汝等地有上万人参加，少林武术的普及程度可见一斑。1944年3月，日军侵入河南嵩山境内，皮定均司令员率豫西抗日支队转战嵩山南北。在日军占领豫西期间，少林寺周围有许多当地百姓被杀害、摧残，少林弟子纷纷挺身而出，杀敌报国，走上抗日救国之路。少林寺寺立中学教员魏念明受上级指示，于1944年9月秘密成立"少林抗日政府"，他亲任政委。当时流传一首民谣：

"少林寺，小和尚，跟着皮司令打豺狼；日本鬼子投了降，汉奸伪顽一扫光……"

1941年，少林寺僧创办的少林中学习文传武，开设少林武术课，广为传播，维系了民国时期少林寺武术的传承。民国的中央国术馆刚成立时所设的课程，分为少林门和武当门两大类。民国社会还出现了空前的少林武术整理出版热潮。据不完全统计，从1911年到1945年出版的少林武术书籍有40余种。其中，唐豪著的《少林武当考》和《少林拳秘诀考证》、徐震的《少林宗法图说考证》等为少林武术的正本清源起到了积极作用。

中华人民共和国成立后，少林寺的发展一波三折。1948年初，少林寺残垣断壁，少林文化遗产的传承空间几乎损毁殆尽，寺有田地仅存2800余亩。1949年"土地改革"后，少林寺留有田地28余亩，常住院僧众14人。寺僧自耕自食，维持山门。1951—1963年，在国家经济比较困难的情况下，政府先后四次拨出专款10万元，对少林寺的千佛殿、立雪亭、方丈室等进行维修，修复千佛殿壁画等重要文物古迹，维修加固危险的殿宇，保护塔林等。1963年6月，河南省政府公布少林寺为第一批省级重点文物保护单位。

"文革"初，1920年就到少林寺出家的行正法师和寺院僧人提前掩藏佛像、法物、法器、经卷等，劝说化解红卫兵到寺院欲捣毁佛像、经卷、碑刻、塔林等文物的行为。但山门的佛龛及达摩亭、千佛殿、地藏殿、白衣殿、初祖庵内的重要文物和壁画及29尊佛像、所有匾额和对联等仍被毁。1974年，河南省革委会拨出7.5万元专款，复建、扩建和维修少林寺常住院，历时近一年。清理了1928年被焚后留下的堆积如山的碎砖残瓦、灰烬泥土，修复了十余通断折的碑刻及地藏王像、金代大铁钟等文物，落架翻修了损坏严重的少林寺山门，保护千佛殿壁画，修缮塔林、初祖庵大殿、白衣殿的漏雨、倾斜等，使少林寺面貌有了较大改观。之后，河南省政府分次拨出100余万元维修经费，使少林寺的维修工程持续。1974年9月，少林寺被作为文物旅游景点向国内开放，开始供游客参观。1978年，少林寺对外国游客开放。

1979年以来，少林寺持续进行复建、扩建、新建、改建和修缮，使历史上的传统建筑逐一恢复并有所发展。1983年4月9日，国务院公布少林寺为全国首批汉传佛教重点寺院，并确定寺院由僧人自行管理；6月，成立嵩山风景区管理局；8月，少林寺管理权从登封县文物保管所移交嵩山风景区管理处。1984年4月1日，少林寺成立少林寺民主管理委员会，释行正法师任主任，寺院由文物部门移交僧人管理。1986年12月13日，少林寺方丈空缺300年之后，第29代方丈释行正长老升座，续少林曹洞正宗法嗣为38代，结束了自清康熙以来少林寺无方丈的历史。行正和尚在任当家和尚和方丈期间，为保护少林寺文物、传承少林禅宗法脉作出了重要贡献。1987年6月15日，嵩山

5

风景区管理局将少林寺全部交还少林寺僧人管理。

1987年8月27日，行正方丈圆寂。之后，释永信法师接任少林寺管理委员会主任并主持少林寺工作。1999年8月19—20日，34岁的少林寺住持释永信法师继承行正长老衣钵并正式荣膺第30代方丈。

释永信方丈于1987年8月全面主持少林寺工作以来，在国家宗教政策的指引下和政府的支持下，在千年传承的少林文化与中国佛教信仰的支撑下，主持和领导少林寺僧众践行"人间佛教"和佛教的中国化道路，秉持中国佛教教义教理教规，弘法利生，与时俱进，仅用短短的30多年时间，围绕传承、保护、弘扬、发展和分享博大精深的"少林文化"，形成了一个以中国大乘佛教的禅宗文化为核心，以禅修、禅武、禅医、禅艺为表现形式的少林文化体系。

改革开放以来，释永信方丈带领少林寺僧团传承、弘扬少林禅宗文化。传承"少林功夫"，弘扬"少林禅武文化"；传承"少林医宗"，弘扬"少林禅医文化"；传承"少林诗书画"，弘扬"少林禅艺文化"；传承"少林慈善"，弘扬"佛教慈悲文化"；提炼"少林文化"，创立"少林学"。同时，少林寺主要依靠自筹资金和部分政府财政支持，复建、修缮、改建、扩建、新建了少林寺经历1500年兴衰的重要殿堂建筑等，再现了少林寺昔日雄伟壮丽的景象。2010年8月1日，联合国教科文组织第34届世界遗产大会审议通过和确认将少林寺常住院、塔林和初祖庵在内的8处11项建筑群列为世界文化遗产。少林寺还恢复、重建、修缮和发展了38个下院，创新发展了都市禅堂和50多个海外少林文化中心及200多个少林文化机构，使少林寺的传统道场得以重建和扩展，使少林文化和中国传统文化走进都市、走向海内外。少林寺僧团传承中国佛教禅宗传统，坚守根本，勤耕佛事，坚持不懈地传承、保护、弘扬、发展和分享少林文化、中国佛教文化、中国传统文化，具体表现有四：一是恢复宗法制度，沿袭少林寺的法脉传承；恢复传戒，传承"以戒为师"；恢复课诵参禅、精进禅七修行，传承、弘扬禅修传统；恢复各类佛事活动，弘扬少林禅宗文化和中国佛教文化；创办"少林问禅"活动，机锋辨理，开启禅智；创建"少林禅耕农场"，恢复"农禅并重"传统。二是成立少林寺图书馆，重建少林转轮藏，保护佛经古籍。2013年3月，少林寺图书馆（藏经阁）被国务院列为第四批、河南省唯一、佛教界第二个"全国古籍重点保护单位"，成为宗教系统古籍保护以评促建的典型。整理、出版少林文化典籍，保护、弘扬和分享少林文化。经过不懈努力，少林寺先后独立出版、与其他出版社合作出版各类书籍近百种，包括《中国佛教医药全书》（101卷）、《禅宗大典》（200卷）、《中国武术大典》（101卷），被誉为"少林三大部"；出版《少林寺与中国律宗》、《少林文化研究论文集》、《少林寺》画册（三大卷）、《少林戒范》、《禅露集》、《少林寺大百科》等数十种著作。三是培养僧才，传承中国佛教文化。目前少林寺有60%的年轻僧人经过佛学院或地方大学培养，部分僧人具有佛学研究生学历。四是创新性、系统性地研究和弘扬少林文化、中国佛教禅宗文化。举办"少林寺与中国律宗研讨会"、"中国佛教雕塑史"座谈会；主办"少林学"学术研讨会、"禅宗中国"学术研讨会、首届"河南省讲经交流会"、"少林文化丝路行"专家座谈会、"首届海峡两岸青年佛教论坛"、"少林寺与北朝佛教学术研讨会"、"少林寺与隋唐佛教国际学术研讨会"等。改革开放以来，少林寺做了大量开创性工作，既遵守中国佛教的教义教理教规、生活方式等传统，又与时俱进创新发展，使少林禅宗文化复兴。

2007年3月14日，"少林功夫"入选第一批国家级非物质文化遗产授牌仪式在郑州举行。以少林功夫为代表的少林文化走向海外，每年出访的武僧、法师有400多人次，先后出访世界五大洲近百个国家和地区，与数百个城市开展文化交流，展演少林功夫数千场，进行少林禅武医文化、禅宗智慧、禅宗生活方式的传播与交流。其传播和影响范围空前，覆盖全世界，超出东亚、东南亚佛教文化圈，走进欧美发达国家的西方文化圈，走进联合国，进入五大洲的主流文化圈及主流社会，使少林功夫和少林文化得到东西方文化的认同和接受，创造了少林寺历史上空前的文化影响力，使少林寺成为举世公认的中国最有影响力、国际声望最高的中国佛教寺院和禅宗圣地，使少林文化成为中国国家软实力不可或缺的重要组成部分。

少林寺近40年来受到世界各界人士的认可和关注，习近平主席在俄罗斯中国旅游年开幕式上称赞少林寺是"享誉世界的少林寺"。英国女王伊丽莎白、南非前总统曼德拉、德国总理默克尔等外国元首和政要会见释永信方丈及少林僧众，俄罗斯总统普京、美国前国务卿基辛格、国际奥委会前主席罗格、斯里兰卡前总理贾亚拉特纳等国家首脑、政府官员、世界名流700余批次参访少林寺，国外200余个政府首脑及文化访问团参访少林寺，涉及亚非欧美上百个国家，皆给予少林寺高度赞扬。由于千年古刹少林寺在国内外获得空前的美誉与崇高地位，现有少林弟子之众也为少林寺历史之最，少林文化爱好者、习练少林功夫者约1亿多人，仅海外就约有6000万众。每年有超过2000人次的外国人士到少林寺交流体验、归山朝拜。国家领导人视察少林寺和国外政要名流访问或朝圣少林寺的人次及范围超越历史，少林寺赢得广泛高度赞誉为历史之最。少林文化已成为世界性文化，彰显少林寺和少林文化的国际历史文化地位及综合实力。

7

# 第二节　少林功夫的概念

## 一、少林功夫的定义

少林功夫源于中国嵩山少林寺，因寺而得名。少林功夫既是少林寺僧人重要的修行法门，是少林文化最具代表性的符号，也是中华武术的重要组成部分和杰出代表，是我国宝贵的文化遗产。

少林功夫是指在嵩山少林寺这一特定佛教历史文化环境中形成，以佛教神力信仰为基础，充分体现佛教禅宗智慧，并以少林寺僧人修习的武术为主要表现形式的传统文化体系。

少林功夫的定义体现出以下四个方面的内涵。

### （一）在嵩山少林寺特定的历史文化环境和地理环境中形成

少林功夫的产生与形成源于嵩山少林寺这一特定的历史文化空间和地理位置。中岳嵩山地处黄河文明发祥地，位于中原腹地，属于洛阳古都的京畿之地，历史上一直为中国政治文化的中心区域。少林寺虽处深山，但与四大古都之一洛阳隔山相望，地理位置优越，静谧却不偏僻。

嵩山少林寺特定的历史文化环境为少林功夫的形成奠定了重要基础。少林功夫根源于中国传统文化。少林功夫的理论，受中国哲学影响较多。武术防身制敌法，受中国兵学的影响较大。气功健身法，受中医和养生术影响较深。因此，少林功夫既有深厚的文化内涵，又有武术搏击的功用，还有健身养生的功能。

嵩山少林寺独特的地理环境促进了少林功夫的形成。一是嵩山林深树密、鸟兽众多，僧众的生存环境艰苦；二是饥荒兵乱之年常有，流民盗贼经常觊觎少林寺产，寺院所处的社会环境复杂。为了全身心修行于古佛青灯之下，保护少林寺的财产和人员安全，少林僧人一面诵读佛经、参禅悟道，一面研习"熊经鸟申"等养生保健之道，并习练防身护体之术。日积月累、世代相传，最终形成了一套特殊的禅武文化体系。少林禅武文化绵延千余年，沿袭至今，形成了少林寺"禅武一体，武以寺名，寺以武显"的文化特征。

## （二）以佛教神力信仰为基础

少林功夫形成的精神源头是佛教信仰，少林功夫是佛教禅宗文化的表现形式之一。少林寺的僧人禅者修习少林功夫，首要是对中国佛教的禅宗信仰，表现为一种对超常精神力的追求。这是少林功夫表现为神奇功夫的根本原因，也是少林功夫与缺少禅意融通和禅医调理的其他武术项目的区别所在。少林功夫以禅修主心，习武主身，禅武合一，技道并重，以信仰指引习武，以练功配合禅修。以禅修智慧和超人"愿力"引导少林功夫修炼。佛教注重"愿力"，即誓愿的力量。佛门修行者相信通过发愿可以获得世俗思维无法思议的力量，因而"愿力"成为少林功夫的一部分，少林弟子在习练功夫时必带有"愿力"而为之。

从传说中的达摩创拳和紧那罗王显圣，再到后世闻名的大德武僧、少林僧兵、俗家弟子，皆坚信可以通过禅修和习武获得智慧，实现"愿力"。对智慧的寻求和"愿力"的注重，使得少林功夫不同于其他武术门派，具有含蓄、内敛、平和的气质特征。可以说，将以中国佛教信仰为基础、融汇中国佛教禅宗智慧的少林功夫与其他没有信仰支撑的武术、仿少林功夫相比较，就会明确感知少林寺的正宗少林功夫气质非凡、禅意美妙，这就是少林功夫能够风靡世界的奥妙法门。

## （三）充分体现禅宗智慧

少林功夫与中国佛教禅宗在少林寺的融合，是中国佛教史、中国武术史上的一道奇特风景。少林功夫蕴含禅宗智慧，重视内在心性觉悟的修持，具有"禅武合一"的精神境界。少林功夫表现出来的深厚文化内涵，是中国佛教禅宗智慧赋予的。禅宗讲究在现实生活中修行，实现学佛的目标。自唐宋以来，由于少林寺的禅宗祖庭地位和禅宗教法盛行，少林功夫作为少林寺僧人日常生活的组成部分，被纳入学佛修禅的形式中。之后，僧人们又将自己佛教徒的生活方式和精神追求用于修习少林功夫，使少林功夫的练习方法、内涵和品质得以提升，达到"禅武合一"的境界。由少林寺僧团创造、世守并积极传扬的少林功夫，通过贯彻于少林僧团的宗教生活之中的以武参禅、以禅引武的修行方式，实现对佛教生命奥义和禅宗智慧的认识。

### （四）以少林寺僧人修习的武术为主要表现形式

少林功夫以师徒法脉关系延续传承，以口传身授为传承方式，以拳诀拳谱为实践指导，以佛教戒律为修习之约，是少林寺僧人禅宗修行、"禅武合一"生活方式独特的表现形式，体现了人类对高品质生命体验的理想和追求。

目前少林僧团仍在修习的少林功夫包括708个套路和156套独门功法，有徒手拳（功）和持械拳（功）之分。从外在运动形式看，少林僧人所习武术也是一系列套路、格斗或功法运动，但少林功夫与世俗武术的不同在于要求僧人禅修与习武并重。少林僧人习武不是单纯地习练武艺，同时要诵念佛经、修行坐禅，将武与禅有机地融为一体。少林功夫动为习武，静为禅定，禅定坐修时也是习武，拳脚运行间不忘体悟禅意，这便是少林功夫最独特的价值内涵。

## 二、少林功夫的基本特征

少林功夫受佛教文化影响颇深，禅宗思想融入功夫之中形成了少林功夫禅武合一的精神内核。外显与内在的显著特征使少林功夫不仅形成独立的武术文化体系，而且成为诸多武术拳种的母体与中华武术的重要代表。

### （一）禅武合一

少林功夫是禅宗与武术有机结合而成的奇特禅武文化现象。首先，少林功夫起源于"禅"。少林寺中的大德高僧如跋陀、僧稠、达摩等人皆以精通禅法而著称。少林寺更被称作禅宗祖庭。少林僧人信奉"禅武同源，禅拳归一"。少林功夫是禅的一种表现形式，是禅的精神的形象外化；禅是少林功夫的精神实质，是少林功夫的内在依托。参禅与习武并重令少林功夫迥异于其他门派的武术。其次，少林功夫的修炼与禅修并行。从佛法的"明心见性"出发，少林功夫习练者强调以禅调心，谋求心意的锻炼和持守，奉行习武也是参禅的一种方式。少林习武的宗旨、戒条和武德，都遵照禅宗的思想而制定，以此避免习武者偏离原旨，走火入魔，做到身心全体，一心向佛。再者，少林功夫本身也是弘扬禅宗佛法的路径。少林功夫主张禅入武技，武显禅意，禅与武深度融合、合二为一，以少林功夫的表现形式来传播禅宗文化和中华文化，实现禅与武的相得益彰。

## （二）注重实战

"少林功夫甲天下"的美誉，在很大程度上是对少林功夫注重实战的肯定与褒扬。从以下六个方面对少林功夫风格特点的解析中，可以明显看到这一基本特征。

一是拳打一条线，拳打卧牛之地。少林功夫套路演练时多在一条直线上运动。从实战角度来看，直线运动距离最短，有利于在最短时间攻击对手。拳打一条线的运动特点，充分显示出了少林功夫简洁快速、注重实战的特征。"拳打卧牛之地"是指习练少林拳套不受场地大小的限制，可大，亦可小。在广阔的场地上，可以习练少林功夫；在狭小的范围内习练少林拳，做到步子小、身法灵、动作活、速度快，有一块够一头牛躺卧的地方，同样可以拳打脚踢。

二是曲而不曲，直而不直。曲而不曲便于曲防时含有攻意，直而不直便于直攻时含有守意，非曲非直在实战中有利于做到攻防兼备。

三是滚入滚出，快速有力。少林拳法秘诀曰："出拳犹如蛇打滚，击拳劲发似炮粉。"出拳时滚入滚出，是攻防技术的科学反映，旋动的螺旋劲既可增强攻击力度，也有利于对来者攻击力的化解与缓冲。少林功夫要求动作迅速、刚健有力，即所谓"起手连珠炮，拳打一气连""出手不见手，见手非为能"。为此，人们将少林功夫刚猛快捷的特点总结为"秀如猫，抖如虎，行如龙，动如闪，声如雷"。

四是眼光如电，随手运转。在实战中必须以目先注，看清对方的招法。冲拳耸膀，踢腿头歪。对方若冲拳，同侧肩将耸起；若出腿，头将向异侧倾斜。因此，眼光要像闪电一样密切注视对手的变化，并快速做出反应。

五是进低退高，轻灵稳固。与人实战时，进步要降低重心，以加强自身稳沉，增强进攻发力的根基，同时使身体紧凑，防止对手采用防中有攻的打法。退步要升高重心，重心高则步法灵活，能快速闪离对手并变换步法。抬脚时动作敏捷灵活，轻如鸿毛；落脚时重心要下沉，稳如泰山。

六是起横落顺，内外合一。为实战有效，少林功夫进攻时力求重心下沉，脚步稳固，身正发力，以利于加强进攻效果。防守时，动作则要求重心稍高，有利于动作灵活，快速躲闪。进攻时，力求正面发力，蹬腿拧腰急旋臂，增强力度。身子跳起腾空时，正面观其对手，以利于防守与进攻。由腾空转为落地时，力求轻灵步稳，侧身对敌，以缩小受击面，便于防守与进攻。内外合一包括外三合与内三合。外三合是指肩与胯合，肘与膝合，手与足合；内三合是指心与意合，意与气合，气与力合。运动时步催、身催、手催，动作整体表现为全身上下、内外协调一致。拳谚曰："脚到手也到，打人如蒿草；脚到手不到，打人不为妙。"这充分说明了实战时全身协调一致的重要性。少林功夫演练中常有"呀""呜""哈""咦"等不同发声，甚至还有刺耳的"怪兽"尖叫之声，这些发声源自腹腔，短促有力，吼声撼人，富有威慑力，目的在于以气助力，以声助势。

综上可见，注重实战是为少林功夫传承千年的核心特征，也是少林功夫至今散发无穷魅力的根本所在。

## （三）自卫戒杀

少林功夫的特征是技击，核心却是佛教文化。少林功夫，上武得道，平天下；中武入喆，安身心；下武精技，防侵害。少林功夫非是单纯为了厮杀，而是为了强身健体、保护寺院和以武参禅。少林功夫的"杀伐"不是"杀戮"，是无畏大胆、魄力果断、止戈讨伐，与佛教慈悲并非对立。佛教戒律规定佛门弟子首先要戒杀生，更不能起杀心。少林功夫的戒杀，非无原则的遁世。少林功夫强调除恶扬善、救世济人，体现佛教与少林功夫的融合。佛教有"杀一恶魔，救一梵天"说，除魔是为了拯救更多的善众，体现一种大慈悲精神。随着大乘禅法"禁人为恶"主张的盛行，为少林寺僧习武提供了法理依据和合法性（符合中国佛教教义教理）。少林僧众习武健身，严守戒律，广传佛法，禁人为恶，亦是善举，遂代代相传。

## （四）武医融合

少林功夫将中医融入其理论与技术体系之中，实现禅武医融合。少林医学称为禅医，又称少林禅医、中华禅医、禅武医，是中国传统医学和佛医的重要组成部分，是由少林寺历代高僧将行医经验与禅武医实践相结合而形成的一个独特的中华传统医学分支和佛教医学流派，也是一种比较直接的济世方式。

少林寺建寺之初，由于僧众长期参禅静坐，影响寺僧周身血液循环，造成筋络不畅，久瘀成疾。于是，寺僧们在学禅的同时开始习武，发现许多功法具有健身和医疗的双重作用，逐步推演出了气功疗法、推拿疗法和点穴疗法。僧人们还学习利用嵩山的药材资源，吸收民间医疗方法，不断积累用药经验，逐步形成了许多秘方。故少林医学由外科而内科，由治疗跌打损伤而治疗百病，形成了独具特色的少林禅医。

少林禅医基于佛医和佛教禅宗教义教理，继承发扬中华传统医学理论，其理论包括病理、药理、养生、保健等。历经唐、宋、元、明、清各朝代，累积了千余珍贵方剂。少林寺历代高僧，在运用思维修、吸纳中外各医药家长处的基础上，总结、完善了禅医药治病的原理和法门，运用禅修般若治疗人们的身心疾病，与传统医学相互影响，使佛医药学体系更加系统和完备。少林禅医治疗内、外两科各种疾病、疑难杂症。其少林正骨最具特色，驰名古今，形成了独特的"少林伤科"学派。

少林禅医逐渐成为少林功夫的有机组成部分。少林功夫修炼时，强调禅修为髓，功法为导，辅以医药，要求习练者气息通达，经脉顺畅，将中医的经络、脏象、五行、阴阳等学说理论与导引养生之术和攻防技击之道融会贯通，养与练同行，禅与医同攻，使习武者内外俱修，筋骨强健，精气旺盛。少林功夫实现了武术与禅宗、中医的有机统一，有利于习武者借助禅与医的效力来提高武技水平，同时促进身心和谐健康。

## （五）练养兼顾

少林功夫具有健身养生的功能，体现了中国古代"天人合一"的思想。少林功夫是少林寺历代僧人经过一千多年的创造、锤炼、传承和发展而成的技术体系，动作的设计和组合成套路，都是建立在中国古代的人体医学知识之上，合乎人体的自然结构，合乎人体的运动规律。少林功夫的"六合"理论讲究手与足合、肘与膝合、肩与胯合、心与意合、意与气合、气与力合，动作和套路讲究动静结合、阴阳平衡、刚柔相济、神形兼备，都是"天人合一"思想的体现。少林功夫经过漫长的历史筛选，去芜存菁，流传下来的套路都是非常珍贵的精华部分，能使人体潜能高度发挥，实为最优化的人体运动方式。所以少林功夫大多具有健身、养生功能，其中，易筋经、洗髓经都是非常著名的健身养生功法，前者是外功技法指导练武，后者是内功心法讲解参禅，两者结合就是禅武并举、练养兼顾的重要方式方法。

## 三、少林功夫的分类

少林功夫是目前中国武术流派中历史悠久、体系完备的门类之一，不同于一般意义上的武术"拳种"或"门派"，是一个博大精深的禅武功夫体系，内容十分丰富。

从运动形式来看，少林功夫主要包括禅修、功法、套路和格斗四部分内容。

### （一）少林禅修

少林寺是中国佛教禅宗祖庭、功夫圣地。自菩提达摩到少林寺面壁九年开创大乘心法，此后一千多年间，禅宗在中国广为流传，历来许多祖师大德依循参禅的方法得以了脱生死，得大自在。少林功夫与禅修融合，称为"禅武合一"。

少林功夫的一系列动作、套路只是少林功夫的外表，少林功夫的灵魂是追求不修之修，与禅宗的"不修之修"融会贯通。修习少林功夫有三层境界。初步境界为"习表练形"。习其外表，练其外形，锻炼自己的外部体形。中层境界为"形武合一"，化有形为无形，变有法于无法，无法可依，无招可循，制敌于无形中。拳谚云："打人不见形，见形不为能。"少林功夫的最高境界是"禅武合一"——禅是武的精神本质，武是禅的表现形式。以禅入武，达到修习少林功夫的目标和理想境界——禅道，即用心法指导一切，所斗之术为"心"法之争，并非"形"法之战。由武入禅，禅定生慧。此"慧"是"禅武合一"的般若智慧，非是常人智慧。

少林功夫的极致是习武者练就"身动心不动"，领悟"无我"的境界。在套路的演练过程中，完全融入武术运动中，以求武与道合、人与武合、内与外合，达到"形神兼备"的忘我状态。在实战对抗中"人武合一""人禅合一""禅武合一"，以超脱生死的精神，勇往直前，达到出神入化的境地。

### （二）少林功法

"练拳不练功，到老一场空。"这里的功即指功法。少林功法中最著名的是少林七十二艺，其具体名称是铁臂功、排打功、铁扫帚功、足射功、腿踢功、铜砂掌（竹叶手）、蛇形术（蜈蚣跳）、提千斤、罗汉功、铁头功、四段功、铁布衫功、双锁功、上罐功、石锁功、铁珠袋、千斤闸、鞭劲功、分水功、玉带功、鹰翼功、跳跃法（登高超远法）、霸王肘、一指金刚法、拔钉功、一指禅功、石桩功、金钟罩、铁牛功、旋风掌、卧虎功、拔山功、金龙手（合盘掌）、推山掌、踢桩功、鹰爪功、斩魔剑、玄空拳、金砂掌（摩擦术）、铁砂掌、飞行功、枪刀不入法、五毒追砂掌（五毒手）、飞檐走壁法、一线穿、蹿纵术、金铲指、揭谛功、梅花桩、拈花功、螳螂爪、跑板功、闪战法、金刀换掌功、轻身术、铁膝功、陆地飞行术、穿帘功、浪里钻（泅水术）、点石功、琵琶功、柔骨功、壁虎游墙术、门裆功、翻腾术、布袋功、蛤蟆功、千层纸功、弹子功、锁指功、追风掌功、软玄功。此外，少林功法还包括易筋经、洗髓经等内容。

### （三）少林套路

少林功夫最早出现的多是实战的格斗技法，从明代后期开始逐渐向套路化方向演化并被固定下来，形成众多的套路。历史上流传的少林功夫套路有1300多套。根据少林寺内流传下来的拳谱记载及近年的挖掘整理，历代僧人传习的少林功夫套路有708套，拳术和器械套路为552套，另外有72绝技、擒拿、格斗、卸骨、点穴、气功等各类功法156套。其中流传有序的拳械精品有数十种。现存少林功夫套路：拳术178套，器械193套，对练59套，其他115套，合计545套。

少林拳是少林功夫的基础。少林拳的历史十分久远，它是在吸取中华传统武术基础上形成的，是少林功夫体系中内容最为广泛、套路最多的一种。早期的少林拳法以实战格斗为主。明末拳法大师玄机和尚留下的"拳经"，是现存少林拳法最早的套路。少林拳法的套路总数有300多套，现在有名可查的也有近200套，具有代表性的拳术有小洪拳、大洪拳、罗汉拳、梅花拳、大通臂拳、心意拳、朝阳拳、炮拳、猛虎拳、醉拳、黑虎拳、五虎拳、猴拳、太祖长拳、地躺拳等。

少林器械名目繁多，除棍、刀、枪、剑外，还有方便铲、大刀、戟、铜、双铜、九节鞭、猿手鞭、绳鞭、流星锤、铁棒锤、双锤、三节棍、梢子棍、虎头钩、双钩、拐子（达摩杖）、双拐、三股叉、月牙、马牙刺、匕首、峨眉刺、套三环、草镰、袖圈等。

少林套路中的对练可分为徒手对练、徒手与器械对练、器械对练。徒手对练主要有六合拳、耳把六合拳、踢打六合拳、对练六合拳、咬手六合拳、赤考拳、罗汉十八手对练、罗汉缠打对练、罗汉拉手对练、崩步拳对练、黑虎拳对练、二十四炮等。徒手与器械对练主要有空手夺刀、空手夺枪、空手夺匕首、空手夺刀枪、白手令二刀等。器械对练主要有对疯摩棍、对齐眉棍、六合棍对练、对练六合枪、梢子棍破枪、绞手梢子棍破枪、三节棍破枪、二人对刀、单刀破枪、双刀破枪、大刀破枪、单拐破枪、双拐破枪、草镰破枪、双铜破枪、三股叉破枪、单刀破双枪、双刀破双枪、大刀破双枪、三人对枪、朴刀破枪、拐子破枪、单铜破枪、对刺枪、疯魔棍对练、对花枪、小夜叉棍对练、大夜叉棍对练、俞家棍等。

## （四）少林格斗

少林功夫中有很多专门用于实战格斗的招法，又称为"把"。少林拳谚曰：练拳不练把，等于胡乱打；宁教十趟拳，不教一个把。这充分说明了"把"在少林功夫中的地位与作用。少林格斗的"把"主要有心意把、虎扑把、闪战移身把等。

少林功夫注重技击，讲究实战。拳法的一招一势，非攻即防。进攻中有防守，防守中有进攻，力求做到攻守兼备。少林格斗具有以下三个特点：一是快。快是指速度快，主要表现为感知快、反应快、发招快。在格斗中战机稍纵即逝，非眼快不足以见其隙，非手快不足以捉其机。机不可失，时不再来。与人交手格斗时，要求做到"拳之有形，打之无形""伸手不见手""打人不见形"。无论拳打还是脚踢，都要疾快，做到以快打慢，进攻对方无防备的部位。二是准。准是指准确地击打到对方。出击时落点准确，击者必中。三是狠。狠是指动作力度要重。发力时要以气催力，力气合一，运用整劲击打对方。为实现狠的效果，与人交斗要"八打"要害部位，即"一打眉头双睛，二打唇上人中，三打中腮耳门，四打背后骨缝，五打肺腑胸膛，六打撩阴高骨，七打鹤膝虎胫，八打破骨千斤"。"不招不架只是一下，犯了招架就是十下"的拳谚，就是少林格斗快、准、狠特点的体现。

# 第二章　少林习武戒约

少林功夫的武术属性是技击，表面上看这种武术性质与以慈悲为本、戒杀生的佛教教义教规不相融合，但其实少林寺僧习武既有佛教教义依据，又有大乘佛法教理支持，还有佛教戒律约束和习武戒约规矩，具有合法性（符合中国佛教教义教理）。所以，少林功夫得以千年传承、弘扬和发展，从而形成了中华武术独具特色的少林功夫体系。

## 第一节　少林习武戒约的界定

少林功夫是佛教武术，少林功夫最早的习练主体是少林僧众，故少林功夫的形成与发展以中国佛教文化信仰为核心，以佛教戒律为基本遵循，以习武戒约为外在约束，以慈悲为怀的武德为内在修炼。少林习武戒约是在少林寺佛教戒律的基础上，逐渐发展完善形成的针对寺内武僧的专门戒律。此后，由于少林功夫声名远播，历代都有俗家弟子入寺习武，也有少林武僧在寺外云游或被社会人士聘请而传习少林功夫，使少林习武戒约逐渐成为少林武僧和俗家弟子共同的习武言行准则，进而成为少林武德教育的重要组成部分。

在不同的历史阶段，少林习武戒约有不同的界定与内涵。在当代，少林习武戒约是以少林寺清规戒律为基础，在学习、使用和传授少林功夫过程中遵循的言行准则。这一界定体现以下两方面的内涵。

### 一、源于佛教的清规戒律

佛教僧众修行概括为"戒、定、慧"。讲究"以戒为师"。戒即指戒律，是依据中国佛教的教义教理和历代祖师在佛教实践中总结出的僧徒四众（比丘、比丘尼、优婆塞和优婆夷）必须遵守的基本行为准则，属于佛教教规，有防非止恶之义，以防止身、口、意三个方面的过失。"戒"指"禁止，不许"；"律"指"限定，约束"。由于僧人生活清苦，因而其日常所奉行的"戒律"也称为"清规戒律"。现在中国大乘佛教寺院执行的是元代制定的《敕修百丈清规》，后经明洪武、永乐先后下旨推行，代替了原来的各种僧制和清规而成为全国僧众遵行的中国化规制。

少林寺是中国佛教禅宗祖庭，少林僧人既要遵守佛教戒律，还要遵守《百丈清规》所规定的汉地僧人的生活方式和规矩，包括丛林人事制度、集中参学和农禅生活等，涉及僧人日常生活的方方面面。少林寺僧人每月的农历十五日和三十日，要齐聚一堂共同背诵《戒本》，自我检查反省自己有无违犯戒律规定的言行，若确实有违犯戒律的，就应该按照佛法规定，进行忏悔。僧人的佛教信仰直接决定了他们对于佛教戒律的诚心接纳。

少林习武戒约源于少林寺的清规戒律。少林功夫是佛教武术，必须遵循佛教戒律，以慈悲为怀。在少林寺的特定环境中，佛教戒律演化为习武戒约，在习武者身上表现为武德。《少林十戒》规定：少林寺僧和俗家弟子习武不为攻击，"仅可用于自卫"。强调武德和惩恶扬善、自卫为本，遵循"八打八不打"。"八打"即不造成严重伤害又能控制对手的部位，"八不打"皆是致命的要害部位，明确规定少林功夫的使用范围和限度。这种戒律约束直接影响了少林功夫的技术风格：节制，谦和。动作特点是幅度小，含蓄，讲究内劲，短小精悍，后发制人。故少林功夫既重视外在的功法修炼，更重视内在的少林功夫精神培养。

## 二、学习、使用、传授少林功夫的言行准则

少林习武戒约指修习少林功夫所必须遵守的基于佛教戒律的专门约定、纪律和"契约"。既是少林武僧基于佛教信仰的修行准则，也是学习、使用、传授少林功夫必须遵守的言行准则。

首先，少林习武戒约是学习少林功夫的言行准则。金末元初觉远和尚等所制定的《十戒约》中的第一条规定"习此技术者，以强健体魄为宗旨"，明确了学习少林功夫的宗旨是"强健体魄"。在此条戒约中，还要求学习者"宜朝夕从事，不可随意作辍"，明确告诉学习少林功夫者，要每日早晚坚持练功，不能随意偷懒或放弃练习和歇息，需要长期认真下苦功夫练习，才能掌握少林功夫的精髓，才可能学好少林功夫。《十戒约》第三条规定："平日对待师长，宜敬谨，凡事勿得有违抗及傲慢之行为。"门徒平时"对待侪辈，须和顺、温良，诚信勿欺，不得恃强凌弱，任意妄为"。在第七条和第八条中，还明确禁止门徒"饮酒食肉""女色男风"。明清时期

少林习武《十戒约》的第一条要求"肄习少林寺技击者，必须以恢复中国为意志，朝夕勤修，无或稍懈"，也是讲明学习少林功夫的宗旨和目的，同时明确要求"朝夕勤修"，不可有所懈怠。第二条中也明确要求这一时期的少林门徒每天必须"至明祖前行礼祈祷，而后练习技术，至晚归寝时亦如之，不得间断"，这是每天行为必须遵守的内容。第十条还要求门徒"尊师重道，敬长有爱，戒淫忌狠"，如果违犯了，就会遭受"为遵守者党与众共罚之"的惩处。这些戒约条款明确了学习少林功夫的宗旨和目标，具体规定学习者的言行必须遵守的要求和准则。

其次，少林习武戒约是使用少林功夫的言行准则。《十戒约》第二条要求，门徒即便是武功精深，也"只可以自卫"，不准"逞气血之私，有好勇斗狠之举"。第五条要求门徒"于挈锡游行之时，如与俗家相遇，宜以忍辱救世为主旨，不可轻恃技术"，不能对世俗人群轻易使用武力。对于少林功夫的展示和运用，第六条要求少林功夫门徒"不可逞愤相较"，如果遇到同门之人，"当互为援助，以示同门之谊"。少林门徒还不能出现"恃强争胜之心及贪得自夸之习"，不要"炫于一时"，不能"生意外之波澜，为禅门之败类"，要求少林门徒谨记心中，不能"违先师创立此术之意"。对于少林功夫的使用，少林习武戒约中也有规定，如明清时期的习武戒约中对于少林功夫中的马步规定，在演习时"以退后三步，再前进三步"表示"不忘中国之意"。在演习拳械时，要求"首先举手作礼"等，也是少林功夫习练者在该时期应该遵守的规矩和礼仪性要求。

最后，少林习武戒约是传授少林功夫的言行准则。《十戒约》第九条是少林功夫传人收门徒和传习少林功夫时必须遵守的基本要求。"凡俗家弟子，不可轻以技术相授，以免贻害于世，违佛氏之本旨。如深知其人性纯良，而又无强悍暴狠之行习者，始可一传衣钵"。明清时期的少林习武戒约中，第七条同样要求选择门徒时"宜慎重选择"，发现确实是"朴厚忠义之士"，才允许传授少林功夫。少林师父的"得力专门手法"的学习对象选择，要求更严格，"非相习久而知最深者，不可轻与相授"。还要求"吾宗之主旨，更宜择人而语"，不允许把少林寺传习少林功夫的主旨轻易告诉任何人。由此可见，少林习武戒约对少林功夫的传授有着严格的规定和要求。

# 第二节　少林习武戒约的内容

少林寺最早的习武戒约——《习武十禁约》，始于僧稠禅师。金末元初的觉远和尚在《十禁约》的基础上，进一步完善，形成了适应当时要求的少林寺僧徒习武《十戒约》。明末清初，少林寺形成了号召武人和门徒牢记"反清复明"宗旨的新《十戒约》。改革开放后，少林寺于1984年5月制定了《少林习武戒约》。现在，少林寺在制定少林功夫段品制之际，在沿用近1500年僧稠版《十戒约》的基础上，制定了新的《少林习武戒约》，其主要内容如下：

### 少林习武戒约

戒为菩提本，也是武德根。想我少林，五世千载，不为无因。今吾顺承古意，赓续前言，恳为诸子，略叙鄙怀。其约如下：

一戒叛师。凡少林弟子，须尊师守礼，明道为先；法贤进德，至善是念。
二戒忘恩。凡少林弟子，当孝恩是膺，济报有常；伤亲害友，雷怨众迁。
三戒诸恶。凡少林弟子，当净意择善，律己从道；杀盗淫妄，功德尽捐。
四戒浮艺。凡少林弟子，当虚己勤习，抱朴专艺；博识凝神，心沉自雄。
五戒偏执。凡少林弟子，须体用兼备，明体达用；禅武并重，宗风乃彰。
六戒怠惰。凡少林弟子，须敬事不辍，信理不馁；朝夕精练，久久为功。
七戒欺斗。凡少林弟子，禁逞强斗狠，恃技辱人；狂心戾气，必招悔恨。
八戒帮派。凡少林弟子，实同袍连枝，气属一体；挟私阴聚，伤吾浩然。
九戒毁他。凡少林弟子，当和敬同道，砥砺共进；自赞毁他，当知是耻。
十戒抗诏。凡少林弟子，当心系大义，有召必应；苟利众生，忘身如归！
凡此十戒，自度度他，当遵不犯，志心恒念！

新的《少林习武戒约》在保持佛教戒律和习武信条文化特色的同时，进一步丰富其道德教化和武德教育的内容，既沿袭规约寺僧和门徒习武言行的内容，也与时俱进，形成心系大义、报效祖国等方面的崇高追求。

## 第三节　少林功夫礼仪

少林功夫礼仪是少林习武戒约的外在表现形式，是对习练者待人接物的具体规范。少林功夫礼仪主要分为少林功夫常用礼仪、少林功夫教学礼仪和少林功夫段品考评礼仪，此外，少林功夫场馆的布置与少林功夫服饰要求也属于广义的少林功夫礼仪范畴。

## 一、少林功夫常用礼仪

少林功夫常用礼仪包括徒手礼仪和器械礼仪。徒手礼主要有合十礼、单手礼、抱拳礼、鞠躬礼、注目礼、颔首礼等，其中合十礼是少林功夫习练者的必修礼仪。合十礼的礼仪规范如下：并步站立，两掌合于胸前，手心涵空，手指并拢，指尖向上，眼向前看或注视受礼者（图2-3-1①）。学生向老师行礼、少林功夫段品考评时考生向考评长行礼、少林功夫比武时运动员向裁判长行礼等，行礼者需鞠躬90°（图2-3-1②），同学或同仁之间需鞠躬60°。

①并步合十 　　　　　　②合十鞠躬　正面 　　　　②合十鞠躬　侧面

图2-3-1　合十礼

合十礼的文化内涵主要有九个方面：并步合十，以示尊敬。合者，和也，合十代表和平。十指合于心口，表示诚心诚意，以诚相待。十指合于一处，表示十方力量凝聚在一起，团结一致。左手为禅，右手为武，双手合十，代表禅武合一。左手为文，右手为武，双手合十，代表文武兼备。左手为身，右手为心，双手合十，代表内外双修。手心涵空，表示少林功夫学无止境，要虚心好学。两臂环抱成圆，表示以武会友，天下武林是一家。

少林功夫器械礼仪主要有持器械礼仪、递器械礼仪和接器械礼仪等。在少林功夫教学、训练、比武、段品考评等场合，行持器械礼时一般是一手持器械，另一手行单手礼。单手礼的要求与合十礼相同，仅单掌立于胸前（图2-3-2）。也可将器械置于身体一侧地面，行合十礼后再持械进行演练。递器械时，需双手平托器械，凡器械带有尖刃的一头一律向右，器械的把端或把手在左手，方便将器械递交他人，以示尊重对方、没有敌意。接器械时，需双手去接，将器械平托于胸前。

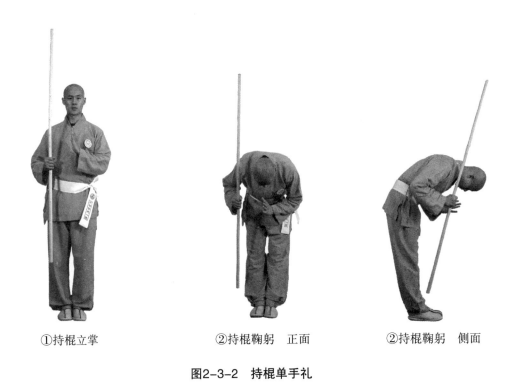

①持棍立掌　　　　　②持棍鞠躬　正面　　　　　②持棍鞠躬　侧面

图2-3-2　持棍单手礼

## 二、少林功夫教学礼仪

少林功夫教学礼仪与武术教学礼仪基本相同，不同之处在于以合十礼代替抱拳礼。

在课的开始部分，学生代表喊"行礼"口令后，全体学生面向教师行合十礼，并说"老师好"；教师回行合十礼，并说"同学们好"。教师礼毕后，学生礼毕。如有学生迟到，迟到学生面向教师报告，然后行合十礼，待教师同意后入队。

教师讲解动作要领时，全体学生面向教师成跨立或稍息。如教师发出"蹲下"口令，全体学生成蹲姿。如教师发出"坐下"口令，全体学生成坐姿。无论学生成蹲姿或坐姿，均要求昂首挺胸，注视教师。课间学生因事需离开练习场地，须先向教师报告，行合十礼后说明原因，在教师同意后方可离场。回到场地，先向教师报告，行合十礼，得到教师的同意后方可归队。

在武术课即将结束之前，教师发出"下课"口令后，学生代表喊"行礼"口令，全体学生向教师行合十礼，并说"老师再见"；教师回行合十礼，并说"同学们再见"。然后同学们击掌两次解散。

### 三、少林功夫段品考评礼仪

少林功夫段品考评礼仪与武术段位考评礼仪基本相同，区别在于以合十礼代替抱拳礼。

考生个人参加技术考试时，上场后向考评长行合十礼或持器械礼仪，考评长回行注目礼，然后开始演练。演练结束，考评长宣布考试成绩后，考生在候分区向考评长行合十礼，考评长回行注目礼。

考生若两人以上参加技术考试时，在场地外的上场区，考生共同向考评长行合十礼或持器械礼仪，考评长回行注目礼，然后考生上场，听到考评长吹出的哨声后开始演练。演练结束，考评长宣布考试成绩后，考生在候分区共同向考评长行合十礼，考评长回行注目礼。

考生若对考试成绩有异议，应按照考评规程和规则向考评仲裁委员会提出书面申诉，而不应直接质询考评员或在考场闹事。观众也应遵守考场要求，文明观看。总之，在考评过程中，无论考生、教练员、考评员、工作人员还是观众，都应遵守考场纪律，保证考评工作有序顺利进行。

### 四、少林功夫场馆布置

少林功夫场馆是进行少林功夫教学、训练、比武与段位考评的专用场所，应按照统一的设计要求进行布置。在少林功夫教学、训练、比武与段位考评的场馆及举办会议场所的适当位置悬挂中华人民共和国国旗。在少林功夫会议、比武活动开始时，应举行面对国旗肃立、奏唱国歌的仪式，全体在场人员应面对国旗肃立，行注目礼。

器械摆放也是一种少林功夫礼仪，体现习练者的道德修养和礼仪规范，同时表现了习练者对器械的尊重、爱护，是敬业、尊师、重教、育人的优良功夫修行传统。少林功夫教学与训练场地应有兵器架或用于器械摆放的专门位置。如有兵器架，器械应放在兵器架上。如没有兵器架，短器械应平放在地上，靠墙摆放整齐，尖刺部位朝墙；长器械则靠墙竖立，或挂置在墙上，枪尖等有刃部位应朝上，注意安全，避免造成损伤。

## 五、少林功夫服饰要求

少林功夫服饰是少林功夫教学、训练、比武与段品考评的必需用品。少林功夫段品制的服装、徽章和腰带，由中国嵩山少林寺指定的生产单位统一制作。运动员在参加少林功夫教学、训练、比武与段品考评时需穿着运动员服、佩戴相应段品等级的徽章和腰带。具备少林功夫段品制拳师资格的教师在开展少林功夫教学时需穿着拳师服，佩戴相应段品等级的徽章与腰带。具备少林功夫段品制考评员资格的人员在进行少林功夫段品制考评时，需穿着考评员服，佩戴相应段品等级的徽章。

# 第三章 少林功夫段品制

少林功夫作为中国首批国家级非物质文化遗产，既是中华优秀传统文化的瑰宝，也是人类文明的重要遗产，深受海内外各界的喜爱和赞赏。为传承和弘扬少林功夫，提高少林功夫的技术和理论水平，建立规范的少林功夫学练体系和技术等级评价标准，推动少林功夫的全球化传播，共享少林功夫的普世价值，使少林功夫更好地服务于全球文化多样化和人类健康，特制定少林功夫段品制。

## 第一节 少林功夫段品制等级体系

少林功夫段品制是面向国内外的广大少林功夫习练者及传习者、传承者（以下统称习练者）设计和制定的，由作为国家级非物质文化遗产项目少林功夫传承地的中国嵩山少林寺主持审定和颁布，并唯一授权成立"少林功夫段品制委员会"作为少林功夫段品制的统一管理机构，面向全球进行组织和实施工作。由中国嵩山少林寺审定、少林功夫段品制委员会组织编写并出版的"少林功夫段品制系列教程"是晋段与晋品的理论和技术考评标准。凡参与少林功夫教学、训练、传承、展演等活动的少林功夫习练者，都可以自愿申报和通过规范的考评程序获得相应的段位或品阶。

### 一、段品等级

少林功夫段品制分段位、品阶两个系列。"段"指阶段。"段位"指在段系等级中的位置。"品"指品质、品行、品格、品德等。"品阶"指在品系等级中的位置。

段位授予广大少林功夫习练者。段位由低至高依次为一段、二段、三段、四段、五段、六段、七段、八段、九段。其中一段、二段、三段为初段位，四段、五段、六段为中段位，七段、八段、九段为高段位。

品阶授予少林功夫传习者。品阶由低至高依次为一品、二品、三品、四品、五品、六品、七品、八品、九品。其中，初品阶包括一品、二品、三品，初品阶获得者称为"拳士"，是段品制中授予学员至"助理拳师"阶段少林功夫传习者的品阶。三品可协助"拳师"进行教学辅助工作。

中品阶包括四品、五品、六品，是段品制中授予少林功夫技术和理论骨干的品阶，中品阶获得者称为"拳师"。获得中品阶的少林功夫传习者可以通过相应的培训或考试，获取少林功夫段品制"拳师"或"考评官"资格，担任少林功夫段品制培训的拳师或少林功夫段品制考评活动的考评官。其中，六品代表少林功夫技术达到最高品阶，授予少林功夫技术达到一流水平者。

高品阶包括七品、八品、九品，是段品制中授予德艺双馨和对少林功夫理论与实践作出突出贡献的少林功夫传承者的品阶。其中，七品称为"名师"，八品称为"大师"，九品称为"宗师"。

品阶还包括荣誉品阶。荣誉品阶主要授予为少林功夫推广、普及、比武、理论研究等方面作出重大贡献者，可获得相应等级的荣誉品阶。荣誉品阶有荣誉中品阶和荣誉高品阶之分。荣誉中品阶包括荣誉四品、荣誉五品、荣誉六品。荣誉高品阶包括荣誉七品、荣誉八品、荣誉九品。

## 二、段品晋升

少林功夫段品制的段品晋升包括晋段、晋品两种类型。自愿申请晋段、晋品的少林功夫习练者符合段位或品阶条件后，通过参加技术考试和理论考试，达到相对应的段品标准后即可获得相应的段位或品阶。

少林功夫段品制的考评内容主要包括少林习武戒约、理论知识、技术技能三个方面。"少林功夫段品制系列教程"是少林功夫理论和技术考评的标准和主要依据。段位和品阶的技术考评，每项以10分为满分；段位和品阶的理论考评，以100分为满分。高品阶答辩以100分为满分。

少林功夫段品制九段九品中的每一段级和品阶都设有相应的条件，包括年龄、习练年限、取得现段位或品阶的时间、参加少林功夫活动和获奖情况、发表少林功夫学术文章和专著的情况、推广和普及少林功夫以及为少林功夫发展做出的成绩等。申报段品等级的要求条件与申报的段品等级相对应，申报段品等级越高，要求的条件越多。申报者不但要求达到一定的年龄和习练年限，还要参加相应的段位或品阶考评。考评成绩合格是获得晋升段位或品阶的主要依据。出版少林功夫专著、答辩等，主要是对申报高品阶的要求。

凡为少林功夫事业作出突出贡献，或在少林功夫比武、少林功夫理论研究中取得突出成绩者，均可获得奖励品阶。凡已获得一品至六品者，可不受年龄、不受晋品时间限制，奖励提前晋升一品，但不得进行越品晋升奖励。凡无品阶者，可奖励在一品至六品间进行套评或套考相应品阶，初次套评或套考的品阶不得超过六品。

# 第二节　少林功夫段品制技术体系

少林功夫历史悠久、内容博大，具有完整的技术和理论体系。少林寺方丈释永信大和尚在《继承传统　走向世界》一文中指出："少林功夫在新时代的发展需要借鉴现代体育成功的传播方式，但是对于具有1500多年历史的禅宗祖庭少林寺，对于内容博大的少林功夫体系来说，我们有足够的文化自信，我们必须建立符合少林功夫文化特质的标准化体系。"少林功夫段品制以传承少林功夫的禅武文化传统、推进少林功夫的社会普及、建立适应新时代的少林功夫段品制标准化体系为宗旨。少林功夫段品制技术体系具有以下三个特点。

## 一、继承传统

少林功夫段品制既要借鉴外来的成功经验，还要传承和弘扬传统，既要面向现实，还要面向发展和未来，前提是不忘本来、不忘初心。因此，少林功夫段位技术标准体系的构建，首先按照少林拳的洪拳、炮拳、罗汉拳等几大类别，遴选了9套传播广泛、具有代表性的少林拳，按照难度递增的顺序，将9套拳分别作为一段至九段的拳术技术标准。将每段少林拳术中的典型动作拆分出来，形成各段的招法；将各段的招法有机地串联起来，即形成各段的精要套路。为保证段位技术体系的系统性，在遴选招法与串编精要套路的过程中，重点考虑和处理段级标准与技术元素的衔接。各段级的技术要素组成如下：一段是打法，二段新增技术元素为踢法，三段是打法、踢法的综合；四段新增技术元素为拿法，五段新增技术元素为靠法，六段是打法、踢法、拿法、靠法的综合；七段新增技术元素为摔法，八段、九段是打法、踢法、拿法、靠法、摔法5种技术元素的综合。整体按照技术元素递增的顺序串编一至九段精要套路技术，由此形成系统的段位技术体系。

九段考评合格后，方可进入品阶体系。品阶技术全部是传统的少林拳械技术、少林格斗、少林功法等内容。按照技术要素与难度的不同，从少林功夫内容中遴选，并对应设立相应的一品至六品等级，从而形成完整的少林功夫段品制技术体系。

少林寺僧人所习练的少林功夫与登封地区流传的少林拳械技术存在一定差异。"少林功夫段品制系列教程"在定义少林功夫的概念时明确指出："少林功夫是以少林寺僧人修习的武术为主要表现形式。"所以，在确定少林功夫拳械技术标准时，皆以少林寺僧人修习的内容和要求为依据。如四段技术少林小洪拳，登封地区习练的多是24势，而少林寺僧人习练的则是60势。在确定四段技术标准时，以少林寺僧人的习练要求为准，充分体现了少林功夫段品制技术体系继承传统的宗旨。

## 二、练打一体

注重实战是少林功夫的主要特点之一，也是少林功夫享誉武坛的重要原因。少林僧人最初习武是为了保卫寺院，因此练功均从实战出发，每招每式都以击败对手为目的，动作不讲花架子，朴实无华。历史上，"十三棍僧救唐王""小山月空抗倭寇"等脍炙人口的少林典故，充分说明了少林功夫的实战效果。

为体现少林功夫注重实战的特点，少林功夫段品制标准化体系将传统少林功夫套路中的典型动作拆分出来，单独进行拆招练习，便于习练者理解和掌握招式的攻防用法。各段精要套路的前半段与后半段可进行对打，甲乙双方的完整演练形成各段的精要套路对打，既提高了练习的趣味性，也有利于提高攻防格斗技能，体现了少林功夫段位技术练打一体的特点。

少林功夫品阶技术体系中既有少林拳、少林棍等拳械套路技术教程，还有专门用于实战的《少林格斗》教程。段位属于针对少林功夫爱好者的大众系列，技术考评内容以演练为主；品阶属于针对传习者和传承者的专业系列，在技术考评中有少林格斗的内容。拳谚曰："练拳不练功，到老一场空。"除《少林拳》《少林棍》《少林格斗》之外，品阶教程中还有《少林功法》教程，用于训练击打能力和抗击打能力，为实战格斗服务。由此可见，品阶技术既可健身，也可实战，同样体现了少林功夫练打一体的特点。

## 三、面向社会

少林寺作为中国佛教禅宗祖庭，为中华文化形成作出了重要贡献，少林寺创立禅宗既是佛教中国化的标志，也是儒释道合流形成中华文化的标志。千百年来，禅宗历代祖师大德以佛教信仰为核心，不断与各种文化融合，丰富禅宗的思想和内涵，形成了特有的一种少林禅宗文化和生活方式。少林功夫便是这种少林禅宗文化和生活方式的一种具体表现形式，日益被世界各国人民所喜爱，越来越多的人开始学习少林功夫。

推广少林功夫段品制的宗旨之一是服务人类健康，满足国内外的广大少林功夫爱好者修习少林功夫的需要。为体现这一宗旨，段品制中既有针对专业人员的品阶系列，也有面向少林功夫爱好者大众的段位系列。段位技术从手法、步法、腿法、身形等最基本的技术动作学起，并配以功法练习、互动练习、组合练习等趣味内容，目的在于引导广大少林功夫爱好者循序渐进而又系统地学习和掌握少林功夫，自觉进入少林功夫锻炼体系。在考评标准上也体现了这一宗旨，没有基础的少林功夫习练者可逐段参加考评，有基础者则可申请越段考评。此外，还考虑到业余习练群体主要以增进健康为目的，因此在考评内容中没有格斗项目。这些做法的目的，是为了适应国内外各种不同习练群体的实际需求。

近年来，少林功夫在欧美地区受到很多中老年人士的喜爱，且有不断扩大的趋势。针对此情况，"少林功夫段品制系列教程"中单设有《少林功法》分册。考虑这部分人群年龄较大，若从段位考起，存在诸多困难。为此，段品制中单列了养生系列，凡35周岁以上的少林功法修习者，可越过段位考评直接晋阶。这些措施同样是为了面向大众，实现服务人类健康的宗旨。

# 第三节　少林功夫段品制视觉识别体系

少林功夫段品制视觉识别系统是少林功夫段品制的主要内容之一，是通过习练者佩戴的徽章、腰带等，识别习练者获得的段品水平等级。段品制视觉识别系统中的设计要素来源于少林寺特有的文化背景，具有少林功夫段品制独特的文化意蕴。

## 一、少林功夫段品制色彩识别体系

少林功夫段品制色彩识别体系设定了佛光白、砖青蓝、琉璃绿、山门红、银杏黄、罗汉金六种颜色作为基础色。基础色来源于少林特有文化背景。在基础颜色确立后，配合段位和品阶的等级名称，将基础色组合为各段位和品阶的专属色彩组合，以达到识别少林功夫习练者段位和品阶水平等级的目的，这种色彩组合又具有各阶段少林功夫习练水平的文化喻意。白色喻意"白丁"，代表初学者刚刚踏入少林功夫的大门，理论与技术水平还比较低。随着习练者理论与技术水平的不断提升，各阶段等级的色彩组合也随之发生变化，通过色彩组合的变化激励习练者一步步向高层次阶段迈进。所以，少林功夫段品制色彩识别体系始终贯穿于少林功夫段品制的服装、腰带、徽章和证书等视觉设计应用之中。

图3-3-1 少林功夫段品制基础色

少林功夫段位共9个段位等级，"白、蓝、绿、红、黄"五种单色加上"白蓝、蓝绿、绿红、红黄"四种双色，构成了与9个段位等级相对应的白、白蓝、蓝、蓝绿、绿、绿红、红、红黄、黄9种颜色，由此形成了少林功夫段位色彩识别体系。

图3-3-2　少林功夫段位色彩识别体系

　　少林功夫品阶体系属于专业系列，因此选用喻意比段位技术更高造诣的罗汉金作为品阶的主色调。为区分初品阶、中品阶与高品阶，选择蓝、红、黄三原色进行镶边配色，由此构成了与初品阶、中品阶与高品阶相对应的金镶蓝、金镶红、金镶黄色彩识别体系。

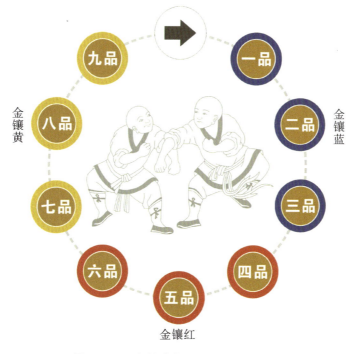

图3-3-3　少林功夫品阶色彩识别体系

## 二、少林功夫段品制徽章

段位徽章为圆形设计，中心图形来源于少林寺白衣殿壁画的武僧对练形象。中心图形外围环绕段位等级的中文和英文文字，段位徽章中间采用阿拉伯数字表示段位等级，消除了国界和语言障碍。徽章色彩设计与段位色彩识别体系保持一致，一至九段的徽章色彩分别为：一段白色、二段白蓝色、三段蓝色、四段蓝绿色、五段绿色、六段绿红色、七段红色、八段红黄色、九段黄色。

图3-3-4　一段徽章

图3-3-5　二段徽章

图3-3-6　三段徽章

图3-3-7　四段徽章

图3-3-8　五段徽章

图3-3-9　六段徽章

图3-3-10　七段徽章

图3-3-11　八段徽章

图3-3-12　九段徽章

品阶徽章也为圆形设计，中心图形也是来源于少林寺白衣殿壁画的武僧对练形象，相比段位徽章而言品阶徽章的武僧形象更为雄壮。中心图形外围环绕的是表明品阶等级的中文和英文文字。品阶徽章色彩设计与品阶色彩识别体系保持一致，中心图形的底色都是罗汉金，一品、二品、三品周边镶蓝为蓝金色，四品、五品、六品周边镶红为红金色，七品、八品、九品周边镶黄为黄金色。

图3-3-13　一品徽章

图3-3-14　二品徽章

图3-3-15　三品徽章

图3-3-16　四品徽章

图3-3-17　五品徽章

图3-3-18　六品徽章

图3-3-19　七品徽章

图3-3-20　八品徽章

图3-3-21　九品徽章

### 三、少林功夫段品制腰带

少林僧人练功素有系腰带的传统，其有利于运气和发力，在运动中还可以对腰腹进行保护，还有着装整齐、美化服饰的效果。腰带在设计中通过直观的文字与图形体现少林功夫的特有文化背景，通过鲜明的颜色组合识别习练者的少林功夫水平等级，激励习练者向新的目标不断努力。段位腰带的图形设计为三教合一图，段位等级识别文字为汉字。段位腰带色彩与段位色彩识别体系保持一致，一至九段的腰带色彩分别为一段白色、二段白蓝色、三段蓝色、四段蓝绿色、五段绿色、六段绿红色、七段红色、八段红黄色、九段黄色。

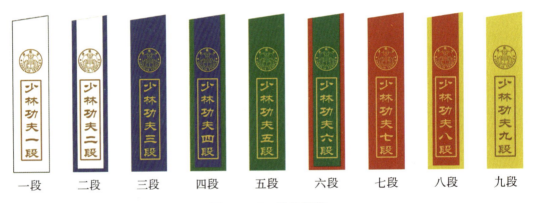

图3-3-22　段位腰带

品阶腰带的图形设计也为三教合一图，品阶等级识别文字为汉字。每一品又分为三个阶段，分别用"一""二""三"来表示。品阶腰带色彩设计与品阶色彩识别体系保持一致，品阶腰带主体的底色都是罗汉金，一品、二品、三品周边镶蓝为蓝金色，四品、五品、六品周边镶红为红金色，七品、八品、九品周边镶黄为黄金色。

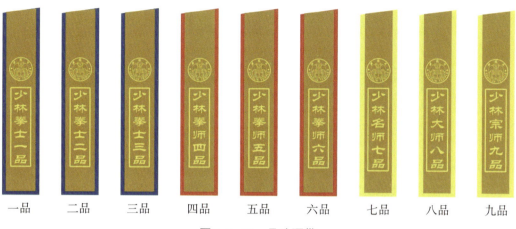

| 一品 | 二品 | 三品 | 四品 | 五品 | 六品 | 七品 | 八品 | 九品 |

图3-3-23　品阶腰带

图3-3-24　六品的一阶、二阶、三阶腰带

# 第四章　少林功夫文化

少林功夫作为中国武术中最具代表性的武术技术和理论体系，已经成为世界范围内众多人群喜爱的武术运动，许多国外友人漂洋过海到中国来学习少林功夫。但是，无论是国内，抑或是国外的少林功夫热爱者，对少林功夫文化的概念及少林功夫文化的基本文化结构都依然知之不详，这对少林功夫的进一步传播显然有一定的阻碍。千头万绪之下，我们从少林功夫的概念和结构出发对少林功夫文化进行阐释。

## 第一节　少林功夫文化的概念

自远古以来，中华民族就对相关"文化"的概念有了深入理解与精辟论述。《周易》的《贲卦·象传》中有"观乎天文以察时变；观乎人文以化成天下"。这是有关于文化最早的表述，也是对文化的经典解读，尽管在此论述中"文化"还不是一个完整的语汇表达，但已充分说明了"文""化"两字的大致意义和文化的基本含义。在上述论述中，"天文"指天道自然规律，"人文"指人伦秩序，以人文"化成天下"就是使自然世界变成人文世界。我国最早将"文化"二字连词使用出于西汉时期刘向之所著《说苑·指武》，其中有"圣人之治天下也，先文德而后武力。凡武之兴为不服也，文化不改，然后加诛"。这里的"文化"指文治为法，以礼乐典章制度为依据而教化臣民，与"文化"之词的当代理解十分接近。其后，梁朝时期萧统所著的《文选·补亡诗》中也有"文化内辑，武功外悠"之说。由此可见，在中国先贤哲人视野中，文化的内涵注重的是文治修远、人伦教化，与武力征伐相对。

与"文化"相对应，英语中的文化为"culture"，该词源于拉丁语，原意是人类为满足生存的需要而对土地的耕作，强调的是人征服自然、改造自然的过程。可以看出，"文化"一词在西方文化中具备双重含义：一方面，文化是指人对土地的耕作，是外在自然的人化；另一方面，通过教育使人成为社会所需要的人，是内在自然的人化。文化的本质意蕴是"人类化""自然的人化"，是人的价值观念在社会实践中对象化的过程与结果，包括外在文化产品的创制和内在主体心智的塑造。依此，从词源学角度理解少林功夫文化，应当从"谁的价值观念""什么价值观念"和"什么社会实践活动"三个层面入手。

第一，少林功夫文化的价值观念源于中华民族的佛教文化。少林功夫起源于位于中原大地的河南少林寺，是中华佛教文化与中华传统技击文化相结合的产物，是中华民族智慧的结晶，是中华民族文明发展史的见证，是中华身体文化的总结，也是炎黄子孙贡献给世界的一份中华民族文化瑰宝。因此，在中华武术现代化的进程中，少林功夫"源于中国，属于世界"的基本价值判断应当贯穿始终。

第二，少林功夫文化价值观念宗旨是禅武合一与明心见性。禅武合一是少林功夫文化的最大特色，也是中国佛教文化与中国武术文化相结合的优秀结晶，它充分体现了佛教信仰中国化之后在华夏大地与中华特有的功夫文化相结合，融合华夏民族文化特色和思维模式于一体的独特产物。少林寺的禅武合一诞生了独特的武术禅，武术禅的本质是少林寺僧众的一种参禅方式，其最终追求是明心见性。1500多年前，达摩祖师在嵩山少林寺开创禅宗，因而，少林寺被誉为禅宗祖庭。禅宗的独特风格在于："不立文字，教外别传，直指人心，见性成佛。"[1]少林功夫的极致追求是明心见性，这也是禅宗的根本要义。而要实现这一追求，少林寺的僧众很早就选择了通过功夫修炼而展开对禅修"不动心"的追求，从而开拓了中华武术史上独具特色的武术禅。通过功夫修炼，追求练到"内心不乱"，即佛教禅修经书中的"内心不乱为定"，从而实现不被外相所牵引的"外不著相"。所以少林寺的武术禅不是纯粹的练习拳脚，而是通过拳脚的练习，追求佛教信仰中的精神提升，通过功夫来修禅。武术禅在少林寺是作为学佛的一个法门，是要求用一颗参禅的心去练习功夫。如果在练习武术功夫的时候忘记了这个初心，武术禅就因丧失本心而无从谈起，变成纯粹的武艺练习，而不再属于少林功夫文化的范畴了。

1500多年来，少林功夫中的武与禅已经有机地融合在一起，少林功夫每一拳、每一脚的运用中，都蕴含有深刻的禅意，以武术搏击的技艺参禅悟道，解除对死的恐惧，放下对自我的执着。少林功夫是一种独特的"禅武同源，禅拳归一"文化，其中，"禅"为"武"之体，"武"为"禅"之用，两者结合成为独特的体用关系。少林功夫是少林僧众修禅的法门，是禅的一种外在表现形式，而禅则是少林功夫的精神实质。

第三，社会实践指向以少林功夫为核心的相关物质、制度、精神的创造与再生

---

[1]释永信.少林功夫［M］.北京：金城出版社，2014：25.

产。从广义而言，少林功夫文化与其上位概念"文化"一样，包容范围大、内容多，既有少林功夫本体之运动，也有少林功夫相关的习武宗旨、习武戒约等多方面内容。因此，少林功夫文化是中国传统武术文化下的一个相对独立的文化体系，涵盖了武术文化之物质、运动、制度、精神四个层面的相关内容。少林功夫的实践活动是针对此四个方面创造与再生产的。

综上所述，少林功夫文化可以定义为：以少林功夫修习为核心内容而形成的具有相对独立的功夫技术体系、功夫修习理论与知识体系、功夫修习制度与习俗体系的总和。在此需要指出的是，少林功夫的技术体系、功夫理论与知识体系内，含有武术的健身体系和武术的教育体系。因此，少林功夫文化也是少林僧众在佛教禅修中对武术技术、武术理论与知识、武术制度与习俗的社会实践的过程与结果。

# 第二节 少林功夫文化的结构

就文化结构理论而言，目前存在多种学说，"有物质文化与精神文化二分说，物质、制度、精神三层次说，物质、行为、制度、精神四层次说……"无论采用哪一种学说，其目的都在于理解与认识少林功夫文化。为了便于理解少林功夫文化的结构，在此举一个编者曾经遇到过的事例：在嵩山少林寺附近，一位身着武僧服装的外国男子向我走来。从他的着装来看，我初步判定他是来少林寺学习少林功夫的。见面之后，我问他是不是来少林寺学功夫的？回答是的。问他会练什么拳？回答会练小洪拳。问他的师父是谁？他说是少林寺的武僧。又问他学习少林功夫以后有何体会？他说学习少林功夫之后更深刻地理解了中国文化。借此事例我们来分析一下少林功夫文化的结构：穿着的武僧服装属于器物层面；会练小洪拳属于运动层面；师父是少林寺的武僧，属于武术制度层面的传承；讲到习练少林功夫对中国文化有了更为深刻的理解属于精神层面。由此，对于少林功夫文化而言，分为物质、运动、制度、精神四个层次更为适合。

## 一、少林功夫文化的物质层面

物质层是少林功夫在表层的最容易被感知的内容。具体而言，是指围绕少林功夫而形成的相关器械、服饰、场地、图书等物质产品，这些物质产品作为少林功夫文化的附属物及衍生品而存在。

## 二、少林功夫文化的运动层面

少林功夫是中国武术的典型代表，由于其产生发展于寺院，也形成了与中国武术特色迥异的文化表达。与中国武术相同的是，少林功夫的运动形式主要包括套路、格斗和功法。但少林功夫同时又具备自己的特色，那就是禅修。少林套路是少林僧人习武过程中借鉴艺术的表演程式，在长期习练过程中形成的基本技法的总结；少林格斗则在长期的发展过程中，形成徒手和器械兼备的格斗体系；少林功法既得益于中国传统导引养生术，更得益于佛教禅修的形式。由此，少林禅修、少林功法、少林套路、少林格斗四种运动形式便构成少林功夫文化运动层面的主体内容。

## 三、少林功夫文化的制度层面

少林功夫文化的制度层是围绕少林功夫而形成的一种处理人与人、人与社会之间关系的社会规范、社会制度、社会风俗与习惯的集合。由于少林功夫产生于寺院，习练少林功夫的又多为僧人，少林功夫文化的制度层具有鲜明的佛教特征。少林功夫制度习俗层主要包括少林功夫组织、少林习武戒约、少林功夫传承习俗等。

## 四、少林功夫文化的精神层面

少林功夫文化的深层结构是少林功夫文化的精神层，它是围绕少林功夫文化展开的思维活动和意识过程。少林功夫文化的实践活动结果直接决定并影响着少林功夫文化的制度层、运动层、物质层的存在方式和发展变化。少林功夫文化的精神层主要包括少林功夫思维方式、少林功夫价值观念、少林功夫意识等。少林功夫文化的原始意识与其基本运动动作的本质一致，强调和平、慈悲、智慧，是一种以佛教认识为中心，以和平、不争为特点，以技理技法为手段的意识总和。在中国传统文化道德至上的价值取向、佛家慈悲为怀的理念、天人合一的整体和谐观念和阴阳对立统一的阴阳辩证观念的影响下，少林功夫精神逐渐发展演进，形成了禅宗文化、文武交融、超越原始意识的少林功夫精神，体现出了以禅修为特色的，道德与行为统一、和平与不争统一、保家与卫国统一、认知与行为统一的文化特色。

# 第五章  二段基本技术

## 第一节  基本形态

### 一、静型

#### （一）手型

##### 1.虎爪

五指用力张开，梢节和中节指骨弯曲，基节指骨尽量向手背的一面伸张，使掌心凸出（图5-1-1）。

**动作要点：** 五指张开，向后伸张。

图5-1-1  虎爪

##### 2.刁手

屈腕，拇指紧贴于食指第二关节初，中指、无名指、小指紧扣于掌心。指尖向下为下刁手（图5-1-2①），指尖向内为内刁手（图5-1-2②），指尖向外为外刁手（图5-1-2③）。

**动作要点：** 五指紧张，用力屈腕。

①下刁手

②内刁手

③外刁手

图5-1-2  刁手

## （二）步型

### 仆步

一腿屈膝全蹲，大腿紧贴小腿，膝微外展，脚尖外摆45°；另一腿伸直平仆接近地面，脚掌紧扣至与小腿成90°夹角；两脚均须全脚掌着地（图5-1-3）。

**动作要点：** 髋关节松开下沉，平仆腿外蹬。

图5-1-3　仆步

## 二、动态

### （一）手法

#### 1. 切掌

①开步抱掌（图5-1-4①）。

②左掌俯掌向前下方切出（图5-1-4②）。

**动作要点：** 力达掌外沿。

①开步抱掌                    ②开步切掌

图5-1-4  切掌

## 2. 托掌

①开步抱掌（图5-1-5①）。

②沉肩坠肘，仰掌由下向上托（图5-1-5②）。

**动作要点：**力达掌心。

①开步抱掌                    ②弓步托掌

图5-1-5  托掌

## （二）肘法

### 顶肘

①开步抱拳（图5-1-6①）。

②屈肘握拳，拳心向下，肘尖前顶或侧顶，力达肘尖（图5-1-6②）。

**动作要点**：上臂、前臂折叠要紧，肘要平行击出。

①开步抱拳　　　　　　　　　　②马步顶肘

**图5-1-6　顶肘**

## （三）腿法

### 1. 十字踩脚

①开步抱拳（图5-1-7①）。

②右腿由后方向前、向上直腿摆起，脚面绷直；左拳变掌，由腰间向前内旋插出，迎击右脚面（图5-1-7②）。

**动作要点**：手腿要协调配合。

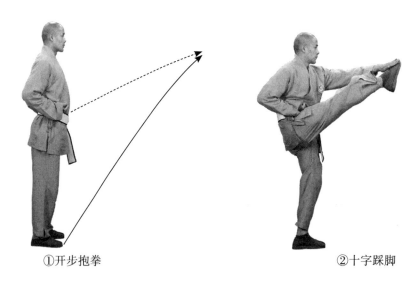

①开步抱拳                            ②十字踩脚

图5-1-7　十字踩脚

### 2.弹腿

①并步抱拳（图5-1-8①）。

②重心移至右腿，左腿提膝向前，高与腰平（图5-1-8②）。

③小腿迅速向前猛力伸出，力达脚尖，大腿与小腿成一直线，与腰同高（图5-1-8③）。

④左脚落于右脚内侧，目视前方（图5-1-8④）。

**动作要点：**力达脚尖。

①并步抱拳                            ②提膝独立

③弹腿

④并步抱拳

图5-1-8　弹腿

### 3.勾踢

①开步抱拳（图5-1-9①）。

②右脚外摆上步，身体右转，左脚勾踢；右拳变掌，架于头部上方，掌心向上，指尖向左；左拳变刁手，向后摆于身体左后方；目视左下方（图5-1-9②）。

①开步抱拳

②转身勾踢

图5-1-9　勾踢

# 第二节　功法练习

## 一、肩功

### （一）搬肩

#### 1. 正搬肩

练习者俯卧在地毯上，两臂向头前伸直上抬，手心向前；助力者骑在练习者背上，左、右手分别抓住练习者左、右上臂近肘部向上、向后拉搬（图5-2-1）。

**动作要点**：臂要伸直，力点在肩。

图5-2-1　正搬肩

#### 2. 反搬肩

练习者俯卧在地毯上，下颌抵地毯，两臂贴身后伸，手心向上；助力者骑在练习者背上，两手分别握住练习者前臂近肘部向前推（图5-2-2）。

**动作要点**：臂要伸直，力点在肩。

图5-2-2　反搬肩

## （二）握杆转肩

①开步站立；两手腹前握杆，距离稍宽于肩，虎口相对（图5-2-3①）。
②两臂上摆至垂直位置（图5-2-3②）。
③两臂向后下摆至体后（图5-2-3③）。
④两臂向前上摆至垂直位置（图5-2-3④）。
⑤两臂向前下摆至腹前（图5-2-3⑤）。
**动作要点：**两臂伸直，以肩为轴。

①腹前握杆

②握杆上摆

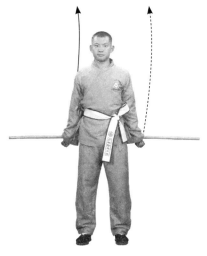

③握杆后摆

④握杆上摆

⑤腹前握杆

图5-2-3　握杆转肩

## 二、腿功

### （一）正压腿

#### 1. 正前压腿

①上身挺直；左脚向前跨出，左腿屈膝成左弓步，右脚脚尖点地；左手置于左膝上方，右手置于右臀外侧；目视前方（图5-2-4①）。

②身体正对前方，髋部向下压（图5-2-4②）。

**动作要点**：重心在两腿之间。

①弓步压腿

②弓步下压

图5-2-4　前压腿

## 2. 正低压腿

①并步直立；目视前方（图5-2-5①）。

②右脚向前伸出，脚跟着地，脚尖勾回；左腿屈膝支撑；两手抓握右脚前掌用力回拉，俯身用下颌够脚尖（图5-2-5②）。

**动作要点：**右腿膝盖伸直，脚尖后勾。

①并步直立　　　　　　　　　　②低压腿

**图5-2-5　低压腿**

## 3. 正平压腿

①面对肋木，约距本人一腿之长站立；右腿抬起，脚跟放在齐胯至腰间高的肋木上，胯根回缩，右脚尖勾紧，左支撑腿伸直（图5-2-6①）。

②两手抓握右脚前掌用力回拉，俯身用下颌够脚尖（图5-2-6②）。

**动作要点：**两腿伸直，用力前压。

①右腿平伸抬                           ②俯身压腿

**图5-2-6   正平压腿**

### 4. 正高压腿

①面对肋木，约距本人一腿之长站立；右腿抬起，脚跟放在胸与头部之间高的肋木上，右脚尖勾紧，左支撑腿伸直（图5-2-7①）。

②两手抓握右脚前掌用力回拉，俯身用头顶够脚尖（图5-2-7②）。

**动作要点**：两腿伸直，用力前压。

①右腿高抬                           ②俯身压腿

**图5-2-7   正高压腿**

## （二）侧压腿

### 1. 侧平压腿

①体右侧侧对肋木，约距本人一腿之长站立，左腿脚尖用力外撇，右腿侧举勾脚置于齐胯高的肋木上；左臂屈肘侧上举，右臂屈肘立掌贴于胸前（图5-2-8①）。

②上体向右侧屈下压后，左手抓握右脚掌，用头顶沿腿向脚尖抻够（图5-2-8②）。

**动作要点**：两腿伸直，右腿下压时脚尖后勾。

①右腿平抬　　　　　　　　　　　②侧身压腿

图5-2-8　侧平压腿

### 2. 侧高压腿

①体右侧侧对肋木，约距本人一腿之长站立，左腿脚尖用力外撇，右腿侧举勾脚置于胸与头部之间高的肋木上；左臂屈肘侧上举，右臂屈肘立掌贴于胸前（图5-2-9①）。

②上体向右侧屈下压后，左手抓握右脚掌，用头顶沿腿向脚尖抻够（图5-2-9②）。

**动作要点**：两腿伸直，右腿下压时脚尖后勾。

①右腿高抬

②俯身压腿

图5-2-9　侧高压腿

## （三）搬腿

### 1. 正搬腿

①练习者背贴肋木直立，两手左右分开抓握肋木；一脚向前上抬起，支撑腿脚尖须正对前方。助力者面对练习者错步站立，两手握其脚跟（图5-2-10①）。

②助力者用力向上推其脚跟，尽力使脚背贴近其头顶（图5-2-10②）。

**动作要点：**直立站稳，顶头、松髋、直膝、勾脚。

①抬腿站立

②正面搬腿

图5-2-10　正搬腿

少林功夫二段教程

### 2. 侧搬腿

①练习者侧靠肋木站立，侧举一腿，支撑腿脚尖须正对侧方；手前扶肋木。助力者面对练习者站立，两手握其足跟（图5-2-11①）。

②助力者用力向上推其足跟，尽力使脚背贴近其头顶（图5-2-11②）。

**动作要点：** 直立站稳，顶头、松髋、直膝、勾脚。

①抬腿站立　　　　　　　　　　　　②侧面搬腿

**图5-2-11　侧搬腿**

### 3. 后搬腿

①练习者面对肋木，在相距约二分之一身长处站立；上体前屈，两手抓握齐腰高的肋木，向后举起一腿。助力者在练习者身后屈膝站立，以肩扛住其大腿近膝处，两手手指交叉按扶其髋关节（图5-2-12①）。

②助力者将其后腿向前上扛起，同时两手向下、向回按拉其胯根部，防止练习者支撑腿上起，保证后腿以髋为轴向上抬起，逐步缩小其后搬腿与头背部的距离（图5-2-12②）。

**动作要点：** 抬头、挺胸、直膝。

①左腿后摆          ②后搬腿

图5-2-12　后搬腿

## 三、臂功

### 两拳俯卧撑

①身体俯卧成直线；两腿并拢伸直，两脚尖触地；两臂伸直，双手握拳支撑在地面上，拳眼向前，拳面支撑身体，两拳相距与肩同宽（图5-2-13①）。

②两臂屈肘，上身向下俯卧，胸部贴近地面，随即两臂伸直，身体保持直线（图5-2-13②）。

**动作要点：**身体要始终保持直线状态。

①预备式

②两拳俯卧撑

图5-2-13　两拳俯卧撑

## 四、鼎功

**保护倒立**

①练习者与辅助者并步直立相对，两人相距练习者身高左右距离（图5-2-14①）。

②练习者重心前移，两手撑地，两手距离与肩同宽，两臂伸直，两腿向上、向后甩起，做手倒立；辅助者握其双踝予以保护（图5-2-14②）。

**动作要点：**身体绷直，双臂用力下撑，头向后勾。

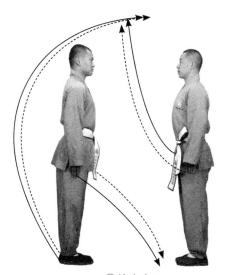

①并步直立

②保护倒立

**图5-2-14　保护倒立**

## 五、桩功

### 跑桩功

①将砖顺长方向摆成一直线，砖与砖间距一步；练习者面向摆砖的延伸方向并步直立，全身放松（图5-2-15①）。

②两脚各踩一块砖，在其上练习走跑，以砖不动、不倒为优（图5-2-15②）。

**动作要点**：轻迈步，缓踏砖。

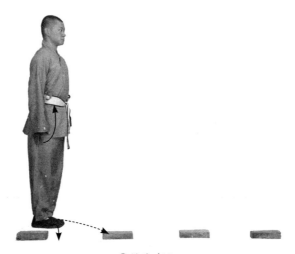

②并步直立

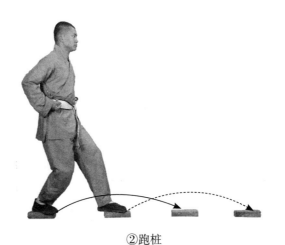

②跑桩

图5-2-15 跑桩功

## 六、打功

### 打沙包

①双腿分开成马步；左臂屈肘握拳，拳心向下，右手变掌贴于左拳面（图5-2-16①）。
②重心前移，肘部顶出，击打沙包（图5-2-16②）。
**动作要点**：力达肘尖。

①马步收肘　　　　　　　　　　②肘击沙包

图5-2-16　打沙包

## 七、踢功

### （一）屈膝纵跳

①开步直立；目视前方（图5-2-17①）。
②两脚蹬地，尽力向上跳起，空中两腿屈膝并拢，两手合抱两小腿；目视前方
（图5-2-17②）。
**动作要点**：双膝尽可能往胸部吸靠。

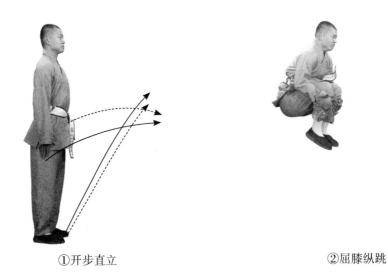

①开步直立      ②屈膝纵跳

图5-2-17 屈膝纵跳

## （二）脚挑沙袋

①错步站立，将沙袋置于右脚面；目视前方（图5-2-18①）。

②右脚向前直腿快速将沙袋挑起与腰平，脚面绷直；目视沙袋（图5-2-18②）。

③右脚控制着沙袋往下落至地面，以右脚再次向上将沙袋挑起，重复多次（图5-2-18③）。

**动作要点：** 挑踢力度适中。

①错步直立      ②脚挑沙袋      ③错步直立

图5-2-18 脚挑沙袋

## 八、硬功

### 双人仰卧起坐

①练习者平躺于地上，两腿屈膝并拢，脚掌着地；两手合抱于脑后。辅助者双手按压练习者双脚（图5-2-19①）。

②练习者臀部与腿保持不动，上身直立坐起，双肘触碰双膝（图5-2-19②）。

③练习者再躺下，恢复初始位置，如此重复多次（图5-2-19③）。

**动作要点**：腿与臀部保持不动。

①按脚平躺

②仰卧起坐

③按脚平躺

图5-2-19　双人仰卧起坐

# 第三节　互动练习

## 一、体能类互动练习

### 刁手挤腿

①甲乙开步面对面站立，两拳抱于腰间（图5-3-1①）。

②甲乙左脚上步成左弓步，左脚两脚踝内侧相对；左刁手于胸前，相互抓住对方手腕（图5-3-1②）。

③甲重心前移，右腿蹬劲，左膝前挤乙左小腿，左脚尖内扣至乙左脚跟后；目视乙方。乙顺势重心后坐，右腿弯曲，左腿伸直；目视甲方（图5-3-1③）。

④乙重心前移，右腿蹬劲，左膝前挤甲左小腿，左脚尖内扣至甲左脚跟后；目视甲方。甲顺势重心后坐，右腿弯曲，左腿伸直；目视乙方（图5-3-1④）。

⑤甲乙原地换步成右弓步，右脚两脚踝内侧相对；右刁手于胸前相互抓住对方手腕（图5-3-1⑤）。

⑥乙重心前移，左腿蹬劲，右膝前挤甲右小腿，右脚尖内扣至甲右脚跟后；目视甲方。甲顺势重心后坐，左腿弯曲，右腿伸直；目视乙方（图5-3-1⑥）。

⑦甲重心前移，左腿蹬劲，右膝前挤乙右小腿，右脚尖内扣至乙右脚跟后；目视乙方。乙顺势重心后坐，左腿弯曲，右腿伸直；目视甲方（图5-3-1⑦）。

**动作要点：**两手腕互刁不可分开，挤腿用力适度。

**动作说明：**此动作可重复练习，亦可换脚和换手后练习。

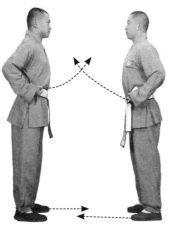

①甲乙开步抱拳

②甲乙左刁手挤腿

③甲左前挤腿

④乙左前挤腿

⑤甲乙换步挤腿

⑥乙右前挤腿

⑦甲右前挤腿

图5-3-1　刁手挤腿

**61**

## 二、技能类互动练习

### （一）弹踢拍脚

①甲乙开步面对面站立，两拳抱于腰间（图5-3-2①）。

②甲左腿向前弹腿，脚面绷直；目视前方。乙退左步成右半马步；两拳变掌，右掌向下拍击甲左脚面，左掌后摆，掌心向下；目视甲左脚（图5-3-2②）。

③甲落左脚，右腿向前弹腿，脚面绷直；目视前方。乙退右步成左半马步；左掌向下拍击甲右脚面，右掌后摆，掌心向下；目视甲右脚（图5-3-2③）。

④甲右脚收回，开步直立；乙左脚收回，开步站立；两掌变拳抱于腰间（图5-3-2④）。

**动作要点**：弹腿力度要适中，拍脚准确、迅速。

**动作说明**：此动作可重复练习，亦可甲乙交换练习。

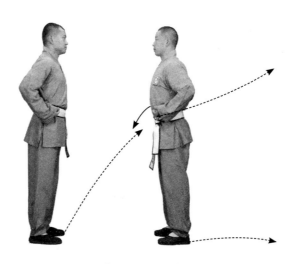

①甲乙开步抱拳

②甲左弹腿、乙右半马步按掌

③甲右弹腿、乙左半马步按掌

④甲乙开步抱拳

图5-3-2　弹踢拍脚

## （二）勾踢提膝

①甲乙开步面对面站立，两拳抱于腰间（图5-3-3①）。

②甲右脚上步，身体右转，左脚勾踢乙右脚；右拳变掌，向上架掌，指尖向左，掌心向上，左拳变刁手，向后摆于身体左后方；目视乙方。乙退左步，身体左转，提右

膝；左拳变掌，向上架掌，指尖朝右，右拳变掌，向后按掌，指尖向前；目视甲方（图5-3-3②）。

③甲左脚下落，身体左转，右脚勾踢乙左脚；右掌变刁手，向下、向后摆于身体右后方，左刁手变掌，向上架掌，指尖向右，掌心向上；目视乙方。乙身体右转，右脚向后退步，提左膝；左掌向下按掌，指尖向前，右掌向上架掌，指尖向右；目视甲方（图5-3-3③）。

④甲乙开步面对面站立，两拳抱于腰间（图5-3-3④）。

**动作要点**：勾踢有力，闪躲迅速。

**动作说明**：此动作可重复练习，亦可甲乙交换练习。

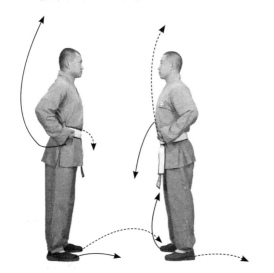

①甲乙开步抱拳

②甲左勾踢、乙右提膝按掌

③甲右勾踢、乙左提膝按掌

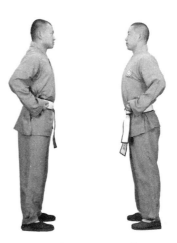

④甲乙开步抱拳

图5-3-3　勾踢提膝

# 第四节　组合练习

## 一、金刚捣碓

### （一）动作名称

| 预备式：并步抱拳 | | | |
|---|---|---|---|
| 1. 并步砸拳 | 2. 左蹬腿冲拳 | 3. 马步冲拳 | 4. 并步抱拳 |
| 5. 并步砸拳 | 6. 右蹬腿冲拳 | 7. 马步冲拳 | 8. 并步抱拳 |

### （二）动作图解

**预备式**

并步直立；两拳抱于腰间；目视前方（图5-4-1）。

图5-4-1　并步抱拳

图5-4-2　并步砸拳

### 1. 并步砸拳

提右膝，向下震脚并步；左拳变掌收至胸前，右拳向上冲拳，随即下砸拳于左掌掌心，拳心向上；目视双手（图5-4-2）。

**动作要点**：砸拳有力，震脚与砸拳要同步。

### 2.左蹬腿冲拳

重心上移，左脚向前蹬腿；右拳向前冲出，高与肩平，拳面向前，左掌变拳收于腰间；目视前方（图5-4-3）。

**动作要点：**蹬腿有力，力达脚跟；滚出冲拳，力达拳面。

图5-4-3　左蹬腿冲拳

### 3.马步冲拳

①左脚向左侧落步成马步；右拳收于腰间，左拳由腰间向前冲出，拳面向前；目视前方（图5-4-4①）。

②左拳收于腰间，右拳由腰间向前冲出，拳面向前；目视前方（图5-4-4②）。

**动作要点：**左右冲拳连贯有力，力达拳面。

①马步左冲拳

②马步右冲拳

图5-4-4　马步冲拳

### 4. 并步抱拳

收右脚成并步；两拳抱于腰间；目视前方（图5-4-5）。

**动作要点**：抱拳与收脚要同时。

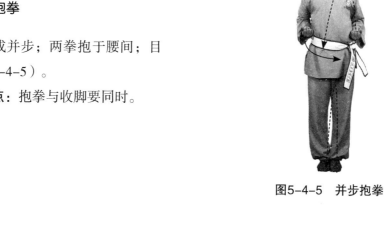

图5-4-5　并步抱拳

### 5. 并步砸拳

提左膝，向下震脚并步；右拳变掌收至胸前，左拳向上冲拳，随即下砸拳于右掌掌心，拳心向上；目视双手（图5-4-6）。

**动作要点**：砸拳有力，震脚与砸拳要同步。

图5-4-6　并步砸拳

### 6. 右蹬腿冲拳

重心上移，右脚向前蹬腿；左拳向前冲出，高与肩平，拳面朝前，右掌变拳收于腰间；目视前方（图5-4-7）。

**动作要点**：蹬腿有力，力达脚跟；滚出冲拳，力达拳面。

图5-4-7　右蹬腿冲拳

### 7. 马步冲拳

①右脚向右侧落步成马步；左拳收于腰间，右拳由腰间向前冲出，拳面向前；目视前方（图5-4-8①）。

②右拳收于腰间，左拳由腰间向前冲出，拳面向前；目视前方（图5-4-8②）。

**动作要点：** 左右冲拳连贯有力，力达拳面。

①马步右冲拳        ②马步左冲拳

图5-4-8　马步冲拳

### 8. 并步抱拳

收左脚成并步；两拳抱于腰间；目视前方（图5-4-9）。

**动作要点：** 抱拳与收脚要同时。

图5-4-9　并步抱拳

## 二、勾手弹踢

### （一）动作名称

| 预备式：并步抱拳 | | | |
|---|---|---|---|
| 1. 左弓步双推掌 | 2. 勾手弹腿 | 3. 双风贯耳 | 4. 并步抱拳 |
| 5. 右弓步双推掌 | 6. 勾手弹腿 | 7. 双风贯耳 | 8. 并步抱拳 |

### （二）动作图解

#### 预备式

并步直立；两拳抱于腰间；
目视前方（图5-4-10）。

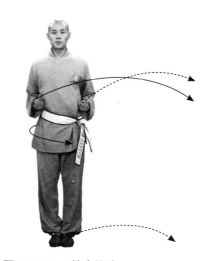

图5-4-10　并步抱拳

图5-4-11　左弓步双推掌

#### 1. 左弓步双推掌

身体左转，左脚向前上步，成左弓步；两拳变掌由腰间向前推掌，指尖向上；目视两掌（图5-4-11）。

**动作要点：**滚出推掌，力达掌根。

图5-4-12　勾手弹腿

## 2. 勾手弹腿

右脚向前弹腿；两掌变勾手从上向下、向后勾挂；目视前方（图5-4-12）。

**动作要点：** 弹腿有力，脚面绷直；勾手要屈腕。

## 3. 双风贯耳

右脚向后落步，成左弓步；两勾手变拳，由身体两侧向内贯拳，与头同高，两拳面相对，拳眼向下；目视两拳（图5-4-13）。

**动作要点：** 贯拳有力，力达拳面。

图5-4-13　双风贯耳

图5-4-14　并步抱拳

## 4. 并步抱拳

身体右转，收左脚成并步；两拳抱于腰间；目视前方（图5-4-14）。

**动作要点：** 抱拳与收脚要同时。

### 5. 右弓步双推掌

身体右转，右脚向前上步，成右弓步；两拳变掌由腰间向前推掌，指尖朝上；目视两掌（图5-4-15）。

**动作要点：**滚出推掌，力达掌根。

图5-4-15 右弓步双推掌

图5-4-16 勾手弹腿

### 6. 勾手弹腿

左脚向前弹腿；两掌变勾手从上向下、向后勾挂；目视前方（图5-4-16）。

**动作要点：**弹腿有力，脚面绷直；勾手要屈腕。

### 7. 双风贯耳

左脚向后落步，成右弓步；两勾手变拳，由身体两侧向内贯拳，与头同高，两拳面相对，拳眼向下；目视两拳（图5-4-17）。

**动作要点：**贯拳有力，力达拳面。

图5-4-17 双风贯耳

### 8. 并步抱拳

身体左转，收右脚成并步；两拳抱于腰间；目视前方（图5-4-18）。

**动作要点**：抱拳与收脚要同时。

图5-4-18　并步抱拳

## 三、拍脚探爪

### （一）动作名称

| 预备式：并步抱拳 | | | |
|---|---|---|---|
| 1. 左弓步推掌 | 2. 右单踩脚 | 3. 右跪步虎爪 | 4. 并步抱拳 |
| 5. 右弓步推掌 | 6. 左单踩脚 | 7. 左跪步虎爪 | 8. 并步抱拳 |

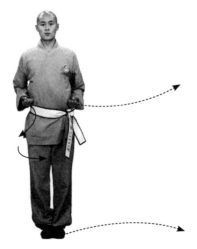

图5-4-19　并步抱拳

### （二）动作图解

**预备式**

并步直立；两拳抱于腰间；目视前方（图5-4-19）。

### 1. 左弓步推掌

身体左转，左脚上步成左弓步；左拳变掌由胸前向前推掌；右拳变刁手由胸前向后摆出，停于右大腿外侧；目视左掌（图5-4-20）。

**动作要点：**滚出推掌，力达掌根。

图5-4-20　左弓步推掌

图5-4-21　右单踩脚

### 2. 右单踩脚

右脚向前弹腿；右刁手变掌，向前插击右脚脚面，左掌变拳收于腰间；目视前方（图5-4-21）。

**动作要点：**弹腿脚面绷直，插击有力。

### 3. 右跪步虎爪

收右脚，向后落步成跪步；右掌收于腰间，两拳于腰间变虎爪，同时向前抓出，与肩同高，同时发声"呜"；目视两爪（图5-4-22）。

**动作要点：**发声与探爪要同步。

图5-4-22　右跪步虎爪

73

### 4. 并步抱拳

身体右转，收左脚成并步；两爪变拳抱于腰间；目视前方（图5-4-23）。

**动作要点：**抱拳与收脚要同时。

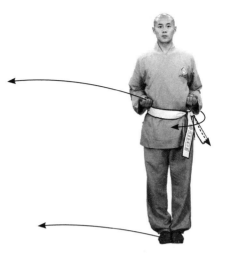

图5-4-23　并步抱拳

图5-4-24　右弓步推掌

### 5. 右弓步推掌

身体右转，右脚上步成右弓步；右拳变掌由胸前向前推掌；左拳变刁手由胸前向后摆出，停于左大腿外侧；目视右掌（图5-4-24）。

**动作要点：**滚出推掌，力达掌根。

### 6. 左单踩脚

左脚向前弹腿；左刁手变掌，向前插击左脚脚面，右掌变拳收于腰间；目视前方（图5-4-25）。

**动作要点：**弹腿脚面绷直，插击有力。

图5-4-25　左单踩脚

### 7. 左跪步虎爪

收左脚，向后落步成跪步；左掌收于腰间，两拳于腰间变虎爪，同时向前抓出，与肩同高，同时发声"呜"；目视两爪（图5-4-26）。

**动作要点**：发声与探爪要同步。

图5-4-26　左跪步虎爪

图5-4-27　并步抱拳

### 8. 并步抱拳

身体左转，收右脚成并步；两拳抱于腰间；目视前方（图5-4-27）。

**动作要点**：抱拳与收脚要同时。

# 第六章　少林连环拳

## 第一节　少林连环拳动作名称

**少林连环拳动作名称**

| 预备式：并步直立 | | | |
|---|---|---|---|
| 1. 起势 | 2. 马步格拳 | 3. 弓步冲拳 | 4. 十字弹腿 |
| 5. 马步冲拳 | 6. 狠脚海底炮 | 7. 马步冲拳 | 8. 上步推掌 |
| 9. 仆步勾手 | 10. 弓步推掌 | 11. 架打推掌 | 12. 转身冲拳 |
| 13. 弓步双冲拳 | 14. 弓步顶肘 | 15. 虚步冲拳 | 16. 收势 |

## 第二节　少林连环拳动作图解

### 预备式

并步直立（图6-2-1）。

**动作要点：**挺胸抬头。

图6-2-1　并步直立

## 1. 起势

同"一段少林十三拳起势"（图6-2-2①-⑨）。

**动作要点：**动作连贯，协调一致。

①并步合十

②合手鞠躬

③并步合十

④并步直立

⑤两脚开步

⑥两掌相对

少林连环拳
第六章

少林连环拳招法
第七章

少林连环拳精要套路
第八章

少林连环拳精要套路对打
第九章

⑦两掌上托

⑧两掌下按

⑨开步抱拳

图6-2-2　起势

## 2. 马步格拳

左脚向左开步成马步；左臂屈肘向外格挡，拳面向上，拳心向内，右拳抱于腰间；目视左拳（图6-2-3）。

**动作要点：**格挡力达前臂。

图6-2-3　马步格拳

## 3. 弓步冲拳

身体左转成左弓步；右拳向前冲出，左拳回收抱于腰间；目视右拳（图6-2-4）。

**动作要点：**冲拳高与肩平，手臂微屈。

图6-2-4　弓步冲拳

图6-2-5　十字弹腿

### 4. 十字弹腿

身体微蹲，右腿提膝向前弹踢；左拳向前冲出，右拳回收抱于腰间；目视左拳（图6-2-5）。

**动作要点：**弹腿高不过膝。

### 5. 马步冲拳

身体左转，右脚向前落步成马步；右拳向右侧冲出，左拳回收抱于腰间；目视右拳（图6-2-6）。

**动作要点：**转身与冲拳相一致。

①正面

②反面

图6-2-6　马步冲拳

### 6. 狠脚海底炮

右脚回收，震脚屈膝成并步；左拳变掌，右拳由右侧向左勾拳击左掌心；目视双手（图6-2-7）。

**动作要点：**震脚与海底炮动作协调一致。

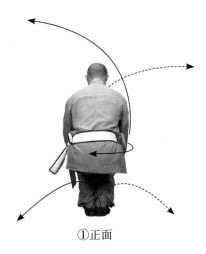 

①正面　　　　②反面

图6-2-7　狠脚海底炮

### 7. 马步冲拳

身体向右后跳步成马步；左掌变拳向左侧冲出，右拳架于头顶；目视左拳（图6-2-8）。

**动作要点：**冲拳力达拳面，拳架于额前上方。

图6-2-8　马步冲拳

### 8. 上步推掌

①身体左转，右脚向前上步成马步；两拳变掌，两掌合抱于胸前，左掌在外，右掌在内，两掌掌心向内；目视前方（图6-2-9①）。

②身体右转成右弓步；右掌向前推出，左掌回收抱于腰间；目视右掌（图6-2-9②）。

③左掌向前推出，右掌回收抱于腰间；目视左掌（图6-2-9③）。

**动作要点：** 推掌力达掌根。

①马步护身掌　正面

①马步护身掌　反面

②弓步右推掌

③弓步左推掌

**图6-2-9　上步推掌**

### 9. 仆步勾手

身体左转成右仆步；左掌变勾手由下向左、向后摆至体后，五指指尖向上，右掌贴身摆至左肩处，掌心向左；目视右侧（图6-2-10）。

**动作要点**：右腿伸直，脚尖内扣。

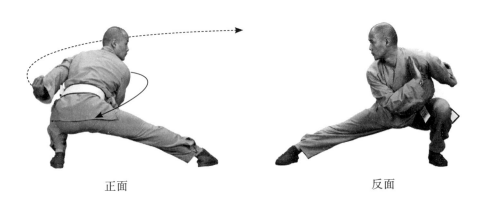

正面　　　　　　　　　　　　　　　反面

图6-2-10　仆步勾手

### 10. 弓步推掌

身体右转成右弓步；左勾手变掌向前推出，右掌变勾手由下向右、向后摆至体后，五指指尖向上；目视左掌（图6-2-11）。

**动作要点**：勾手屈腕上勾，推掌力达掌根。

图6-2-11　弓步推掌

### 11. 架打推掌

①左脚向前弹踢，与肩同高，脚面绷平；右勾手变掌，拍击左脚脚面，左掌变拳回收抱于腰间；目视右掌（图6-2-12①）。

②左脚向前落步成左弓步；左拳变掌向前推出，右掌架于头顶上方；目视左掌（图6-2-12②）。

**动作要点**：拍脚干脆有力；推掌力达掌根；架掌架于额前上方。

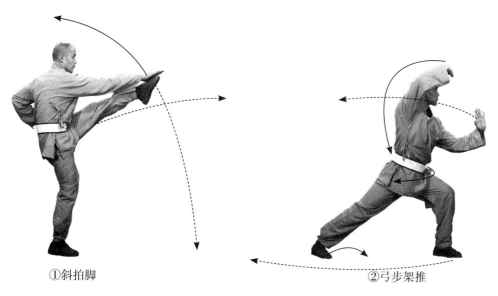

①斜拍脚　　　　　　　　　　　　②弓步架推

图6-2-12　架打推掌

### 12. 转身冲拳

①震右脚；身体右转，左脚向前上步成马步；左掌变拳屈肘下砸，拳面向上，拳心向内，右掌变拳回收抱于腰间；目视左拳（图6-2-13①）。

①马步砸肘　正面

①马步砸肘　反面

②身体左转成左弓步；右拳
向前冲出，左拳上架于头顶；目
视右拳（图6-2-13②）。

**动作要点：** 震脚与砸肘协调
一致。

②弓步冲拳

图6-2-13 转身冲拳

### 13. 弓步双冲拳

①右脚跟步震脚，同时左脚抬起收于右脚内侧；两拳变掌在胸前由内向外、向下划弧分拨，状似游泳；两掌掌心向下，目视前方（图6-2-14①）。

②左脚向前上步成马步；两掌变拳回收抱于腰间；目视前方（图6-2-14②）。

③身体左转成左弓步；两拳从腰间向前冲出；目视前方（图6-2-14③）。

**动作要点：** 震脚与击掌动作协调一致。

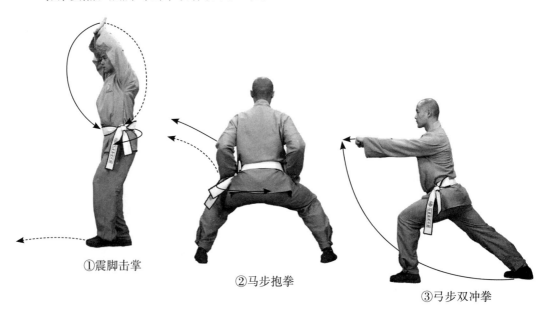

①震脚击掌　　　　　②马步抱拳　　　　　③弓步双冲拳

图6-2-14 弓步双冲拳

### 14. 弓步顶肘

①右脚向前弹踢，脚面绷平；两拳变掌，下拍至右脚脚面，左手在上，右手在下；目视两掌（图6-2-15①）。

②身体左转，右脚向前落步成马步；右掌变拳屈肘下砸，拳面向上，拳心向内，左掌变拳回收抱于腰间；目视右拳（图6-2-15②）。

③身体右转成右弓步；右臂屈肘握拳向右顶出，左拳变掌按于右拳拳面；目视右侧（图6-2-15③）。

**动作要点**：顶肘力达肘尖。

①单拍脚

②马步砸肘

③弓步顶肘

图6-2-15 弓步顶肘

少林连环拳
第六章

少林连环拳招法
第七章

少林连环拳精要套路
第八章

少林连环拳精要套路对打
第九章

### 15. 虚步冲拳

①身体左转变左弓步；上体前倾；右拳向斜下方冲出，左掌收于右臂上臂处，掌心向上；目视右拳（图6-2-16①）。

②左脚收于右脚内侧，并步直立；同时左掌变拳，两拳收抱于腰侧（图6-2-16②）。

③重心后坐，左脚向左前方脚尖点地成左虚步；右拳变掌架于头顶，左拳向前冲出；同时气沉丹田发"威"音；目视前方（图6-2-16③）。

**动作要点**：虚步应虚实分明。

①栽心捶

②抱拳直立

③虚步架冲

图6-2-16　虚步冲拳

## 16. 收势

同"一段少林十三拳"收势（图6-2-17①-⑥）。

**动作要点：** 动作连贯，协调一致。

①并步抱拳

②并步直立

③并步合十

④合十鞠躬

⑤并步合十

⑥并步直立

图6-2-17　收势

少林连环拳
第六章

少林连环拳拾法
第七章

少林连环拳精要套路
第八章

少林连环拳精要套路对打
第九章

# 第七章　少林连环拳招法

## 第一节　少林连环拳招法动作名称

少林连环拳招法动作名称

| 序号 | 甲 | 乙 |
|------|------|------|
| 1 | 弓步推掌 | 马步格掌 |
| 2 | 单踩脚 | 马步按掌 |
| 3 | 弓步顶肘 | 弓步托掌 |
| 4 | 马步冲拳 | 马步砸肘 |
| 5 | 弓步双冲拳 | 马步架打 |

## 第二节　少林连环拳招法动作图解

### 1. 弓步推掌——马步格掌

①甲乙并步直立

**（1）甲乙起势**

同"一段少林十三拳招法"起势（图7-2-1①-③）。

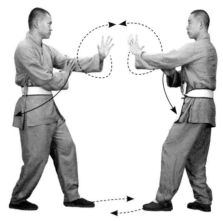

②甲乙开步抱拳　　　　　　　　　　　③甲乙虚步推掌

图7-2-1　甲乙起势

### （2）弓步推掌——马步格掌

①甲进左步成左弓步；左掌从腰间向乙方推出，右手变勾手向后搂手至右胯后；目视乙方。乙进左步成马步；左掌从腰间向左侧外格于甲左掌掌根处，右掌变拳收于腰间；目视左掌（图7-2-2①）。

②甲进右步成右弓步；右掌向乙方推出，左手变勾手向后搂手至左胯后；目视乙方。乙退左脚，身体左转成马步；右拳变掌向右侧外格于甲右掌掌根处，左掌变拳收于腰间；目视右掌（图7-2-2②）。

**动作要点**：推掌与格掌协调一致。

①甲左弓步推掌——乙马步格掌

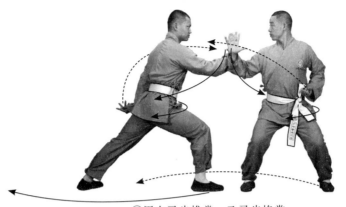

②甲右弓步推掌、乙马步格掌

图7-2-2 甲弓步推掌——乙马步格掌

### （3）弓步推掌——马步格掌

①乙上左步成左弓步；左拳变掌向甲方推出，右手变勾手向后搂手至右胯后；目视甲方。甲撤右步右转成马步；左掌向左侧外格于乙左掌掌根处，右掌变拳收于腰间；目视左掌（图7-2-3①）。

②乙上右步成右弓步；右掌向甲方推出，左手变勾手向后搂手至左胯后；目视甲方。甲撤左步左转成马步；右拳变掌向右侧外格于乙右掌掌根处，左掌变拳收于腰间；目视右掌（图7-2-3②）。

**动作要点：** 推掌与格掌协调一致。

①乙左弓步推掌——甲马步格掌

②乙右弓步推掌、甲马步格掌

图7-2-3　乙弓步推掌——甲马步格掌

### （4）甲乙收势

同"一段少林十三拳招法"收势（图7-2-4①-④）。

①甲乙掏心捶

②甲乙五花坐山

少林连环拳
第六章

少林连环拳招法
第七章

少林连环拳精要套路
第八章

少林连环拳精要套路对打
第九章

③甲乙并步抱拳　　　　　　　　　　　　　④甲乙并步直立

图7-2-4　甲乙收势

## 2. 单踩脚——马步按掌

### （1）甲乙起势

同"一段少林十三拳招法"起势（图7-2-5①-③）。

①甲乙并步直立　　　　　　　　　　　　　②甲乙开步抱拳

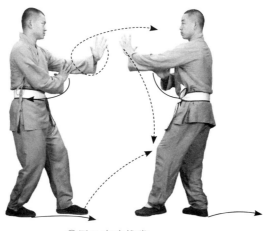

③甲乙虚步推掌

图7-2-5　甲乙起势

### （2）甲单踩脚、乙马步按掌

①甲上右脚，左脚向乙裆部弹踢；左掌向乙咽喉插出，右掌变拳收于腰间；目视乙方。乙身体右转，右脚撤步成马步；左掌下按甲左脚，右掌变拳收于腰间；目视左掌（图7-2-6①）。

②甲左脚落地，右脚向乙裆部弹踢；右掌向乙咽喉插出，左掌变拳收于腰间；目视乙方。乙身体左转，左脚向后退步成马步；右拳变掌下按甲右脚，左掌变拳收于腰间；目视右掌（图7-2-6②）。

**动作要点：**甲迅速弹踢；乙退步快，按掌及时。

①甲左单踩脚、乙马步按掌

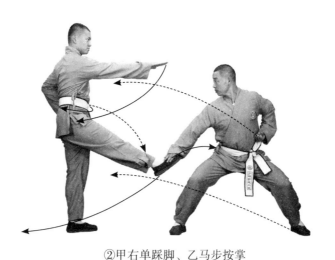

②甲右单踩脚、乙马步按掌

图7-2-6　甲单踩脚、乙马步按掌

**（3）乙单拍脚、甲马步按掌**

①乙身体右转，左脚向甲裆部弹踢；左拳变掌向甲咽喉插出，右掌变拳收于腰间；目视甲方。甲身体右转，右脚向后退步成马步；左拳变掌按至乙左脚，右掌变拳收于腰间；目视左掌（图7-2-7①）。

②乙落左脚，右脚向甲裆部弹踢；右拳变掌向甲咽喉插出，左掌变拳收于腰间；目视甲方。甲身体左转，左脚向后退步成马步；右拳变掌下按乙右脚，左掌变拳收于腰间；目视右掌（图7-2-7②）。

**动作要点：**乙迅速弹踢；甲退步快，按掌及时。

①乙左单踩脚、甲马步按掌

②乙右单踩脚、甲马步按掌

图7-2-7　乙单踩脚、甲马步按掌

### （4）甲乙收势

同"一段少林十三拳招法"收势（图7-2-8①-④）。

①甲乙掏心捶

少林连环拳
第六章

少林连环拳招法
第七章

少林连环拳精要套路
第八章

少林连环拳精要套路对打
第九章

②甲乙五花坐山

③甲乙并步抱拳

④甲乙并步直立

图7-2-8 甲乙收势

### 3. 弓步顶肘——弓步托掌

**（1）甲乙起势**

同"一段少林十三拳招法"起势（图7-2-9①-③）。

①甲乙并步直立

②甲乙开步抱拳

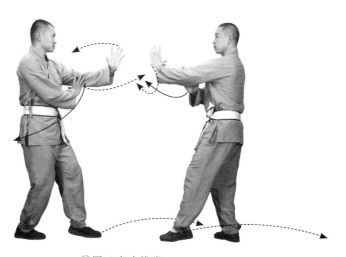

③甲乙虚步推掌

图7-2-9 甲乙起势

97

**（2）甲弓步顶肘、乙弓步托掌**

①甲左脚向前进步成左弓步；两掌变拳，左臂屈臂横肘向乙心口顶出，拳心向下，右拳后摆至身体右侧，右拳拳心向上；目视乙方。乙退左脚成右弓步；两掌向上托甲左肘；目视双掌（图7-2-10①）。

②甲身体左转，右脚向前进步成右弓步；右臂屈臂横肘向乙心口顶出，拳心向下，左拳后摆至身体左侧；目视乙方。乙右脚退步成左弓步；两掌向上托甲右肘；目视双掌（图7-2-10②）。

**动作要点：**甲上步稳定，力达肘尖；乙两掌上托，力达掌心。

①甲左弓步顶肘、乙右弓步托掌

②甲右弓步顶肘、乙左弓步托掌

图7-2-10　甲弓步顶肘、乙弓步托掌

98

### （3）乙弓步顶肘、甲弓步托掌

①乙右脚向前上步成右弓步；右掌变拳，右臂屈臂横肘向甲心口顶出，拳心向下，左掌变拳后摆至体侧；目视甲方。甲右脚向后退步成左弓步；两拳变掌向上托乙右肘；目视双掌（图7-2-11①）。

②乙左脚向前上步成左弓步；左臂屈臂横肘向甲心口顶出，拳心向下，右掌变拳后摆至体侧；目视甲方。甲左脚向后退步成右弓步；两掌向上托乙左肘；目视双掌（图7-2-11②）。

**动作要点**：甲上步稳定，力达肘尖；乙两掌上托，力达掌心。

①乙右弓步顶肘、甲左弓步托掌

②乙左弓步顶肘、甲右弓步托掌

**图7-2-11　乙弓步顶肘、甲弓步托掌**

### （4）甲乙收势

同"一段少林十三拳招法"
收势（图7-2-12①—④）。

①甲乙掏心捶

②甲乙五花坐山

③甲乙并步抱拳

④甲乙并步直立

图7-2-12　甲乙收势

### 4. 马步冲拳——马步砸肘

#### （1）甲乙起势

同"一段少林十三拳招法"起势（图7-2-13①—③）。

①甲乙并步直立

②甲乙开步抱拳

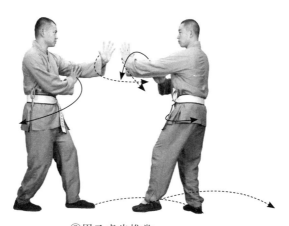

③甲乙虚步推掌

图7-2-13　甲乙起势

**（2）甲马步冲拳、乙马步砸肘**

①甲左脚向前进步成马步；左掌变拳向乙方冲出，右掌变拳收于腰间；目视乙方。乙身体左转，左脚退步成马步；左手抓握甲左手腕，右掌变拳，屈右臂向下砸击甲左肘外侧；目视甲方（图7-2-14①）。

②甲身体左转，右脚向前上步成马步；右拳向乙方冲出，左拳收于腰间；目视乙方。乙身体右转，右脚退步成马步；右手抓握甲右手腕，屈左臂向下砸击甲右肘外侧；目视甲方（图7-2-14②）。

**动作要点**：甲力达拳面，乙力达肘尖。

①甲马步左冲拳、乙马步砸肘

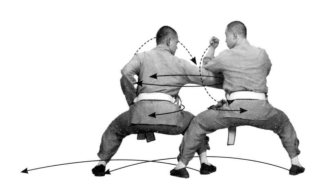

②甲马步右冲拳、乙马步砸肘

图7-2-14　甲马步冲拳、乙马步砸肘

**（3）乙马步冲拳、甲马步砸肘**

①乙身体左转，右脚向前上步成马步；右手变拳向甲方冲出，左拳收于腰间；目视甲方。甲身体右转，右脚退步成马步；右手抓握乙右手腕；左手握拳屈左臂向下砸击乙右肘外侧；目视乙方（图7-2-15①）。

②乙身体右转，左脚向前上步成马步；左拳向甲方冲出，右拳收于腰间；目视甲方。甲身体左转，左脚退步成马步；左手抓握乙左手腕，屈右臂向下砸击乙左肘外侧；目视乙方（图7-2-15②）。

**动作要点：**乙力达拳面，甲力达肘尖。

①乙马步右冲拳、甲马步砸肘

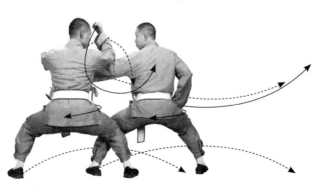

②乙马步左冲拳、甲马步砸肘

图7-2-15　乙马步冲拳、甲马步砸肘

103

### （4）甲乙收势

同"一段少林十三拳招法"
收势（图7-2-16①-④）。

①甲乙掏心捶

②甲乙五花坐山

③甲乙并步抱拳

④甲乙并步直立

图7-2-16　甲乙收势

少林连环拳
第六章

少林连环拳招法
第七章

少林连环拳精要套路
第八章

少林连环拳精要套路对打
第九章

## 5. 弓步双冲拳——马步架打

### （1）甲乙起势

同"一段少林十三拳招法"起势（图7-2-17①—③）。

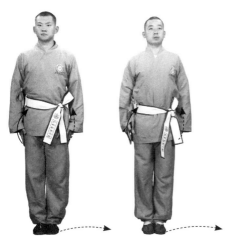
①甲乙并步直立

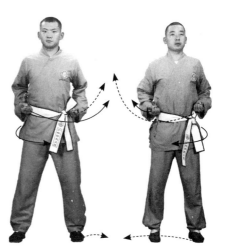
②甲乙开步抱拳

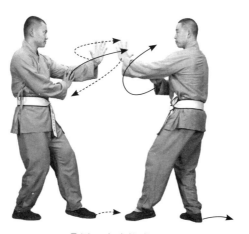
③甲乙虚步推掌

图7-2-17　甲乙起势

105

### （2）甲弓步双冲拳、乙马步架打

①甲左脚进步成左弓步；两掌变拳由腰间向乙方冲出，拳眼相对；目视两拳。乙身体右转，右脚撤步成马步；两掌变拳，右臂上抬格挡甲双拳，置于头上方，拳眼向下，左拳向甲心口冲出，拳心向下；目视左拳。（图7-2-18①）。

②甲右脚上步成右弓步；两拳由腰间向乙方冲出，拳眼相对；目视两拳。乙身体左转，左脚退步成马步；左臂上抬格挡甲双拳，置于头上方，拳眼向下，右拳向甲心口冲出，拳心向下；目视右拳。（图7-2-18②）。

**动作要点：**乙先架后冲，力达拳面。

①甲左弓步双冲拳、乙马步架打

②甲右弓步双冲拳、乙马步架打

图7-2-18　甲弓步双冲拳、乙马步架打

（3）乙弓步双冲拳、甲马步架打

①乙身体右转，左脚上步成左弓步；两拳由腰间向甲方冲出，拳眼相对；目视两拳。甲身体右转，右脚向后退步成马步；右臂上抬格挡乙双拳，置于头上方，拳眼向下，左拳向乙心口冲出，拳心向下；目视左拳。（图7-2-19①）。

②乙右脚上步成右弓步；两拳由腰间向甲方冲出，拳眼相对；目视两拳。甲身体左转，左脚退步成马步；左臂上抬格挡乙双拳，置于头上方，拳眼向下，右拳向乙心口冲出，拳心向下；目视右拳。（图7-2-19②）。

**动作要点**：甲先架后冲，力达拳面。

①乙左弓步双冲拳、甲马步架打

②乙右弓步双冲拳、甲马步架打

图7-2-19　乙弓步双冲拳、甲马步架打

107

### （4）甲乙收势

同"一段少林十三拳招法"
收势（图7-2-20①-④）。

①甲乙掏心捶

②甲乙五花坐山

③甲乙并步抱拳

④甲乙并步直立

图7-2-20 甲乙收势

# 第八章　少林连环拳精要套路

## 第一节　少林连环拳精要套路动作名称

少林连环拳精要套路动作名称

| 预备式：并步直立 | | |
|---|---|---|
| 1. 起势 | 2. 弓步推掌 | 3. 单踩脚 |
| 4. 弓步顶肘 | 5. 马步冲拳 | 6. 马步架打 |
| 7. 马步格掌 | 8. 马步按掌 | 9. 弓步托掌 |
| 10. 马步砸肘 | 11. 弓步双冲拳 | 12. 收势 |

## 第二节　少林连环拳精要套路动作图解

**预备式**

并步直立（图8-2-1）。

**动作要点**：挺胸，收腹，自然。

图8-2-1　并步直立

**109**

### 1. 起势

同"一段少林十三拳精要套路"起势（图8-2-2①-⑩）。

①并步合十

②合手鞠躬

③并步合十

④并步直立

⑤两脚开步

⑥两掌相对

⑦两掌上托

⑧两掌下按

⑨开步抱拳

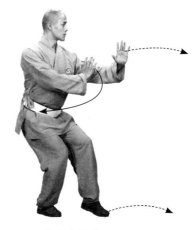

⑩虚步推掌

图8-2-2　起势

## 2. 弓步推掌

左脚向前进步成左弓步；左掌向前推出，掌心向右，右手成刁手搂至身后，手心向上；目视左掌（图8-2-3）。

**动作要点：**力达掌外沿。

图8-2-3　弓步推掌

## 3. 单踩脚

重心上移，右脚向前、向上踢出，脚面绷直；右掌向前插出拍击右脚面，左掌变拳收于腰间；目视右掌（图8-2-4）。

**动作要点：**手脚协调，拍脚响亮。

图8-2-4　单踩脚

少林连环拳
第六章

少林连环拳拈法
第七章

少林连环拳精要套路
第八章

少林连环拳精要套路对打
第九章

### 4. 弓步顶肘

右脚向前落步成右弓步；右掌变拳，右臂屈肘向前顶出，高与肩平，拳心向下，左臂伸直贴于体侧，拳心向上；目视右肘（图8-2-5）。

**动作要点**：落步要稳，顶肘有力。

图8-2-5　弓步顶肘

图8-2-6　弓步冲拳

### 5. 马步冲拳

身体右转，左脚向前上步成马步；左拳向前冲出，右拳收于腰间；目视左拳（图8-2-6）。

**动作要点**：力达拳面。

### 6. 马步架打

身体左转，左脚向后退步成马步；左拳屈肘架于头上方，拳心向上，右拳向右前方冲出；目视右拳（图8-2-7）。

**动作要点**：转体与架打要协调一致。

正面

反面

图8-2-7　马步架打

### 7. 马步格掌

身体右转；右脚退步成马步；左拳变掌，左臂屈肘由内向外格挡，高与肩平，掌心向右；右拳收于腰间；目视左掌（图8-2-8）。

**动作要点：**格挡力达前臂外侧。

图8-2-8　马步格挡

### 8. 马步按掌

身体左转，左脚向后退步成马步；右拳变掌按于右膝外侧，指尖向前；左掌变拳收于腰间；目视右掌（图8-2-9）。

**动作要点：**按掌力达掌心。

正面　　　　　　　　　　　　反面

图8-2-9　马步按掌

图8-2-10　弓步托掌

### 9. 弓步托掌

身体右转，右脚退步成左弓步；左拳变掌，与右掌同时由下向上托，掌心向上，高与肩平；目视双掌（图8-2-10）。

**动作要点：**托掌力达掌心。

113

### 10. 马步砸肘

身体左转，右脚上步成马步；双掌变拳，右拳屈臂向下砸于胸前，拳面向上；左拳收于腰间；目视右拳（图8-2-11）。

**动作要点：**栽肘力达肘尖。

正面              反面

图8-2-11　马步砸肘

### 11. 弓步双冲拳

身体右转，左脚向前上步成左弓步；两拳向前冲出，拳眼相对，高与肩平；目视两拳（图8-2-12）。

**动作要点：**两拳冲拳要同时，力达拳面。

图8-2-12　弓步双冲拳

## 12. 收势

同"一段少林十三拳精要套路"收势（图8-2-13①-⑥）。

①并步抱拳

②并步直立

③并步合十

④合十鞠躬

⑤并步合十

⑥并步直立

图8-2-13　收势

# 第九章 少林连环拳精要套路对打

## 第一节 少林连环拳精要套路对打动作名称

少林连环拳精要套路对打动作名称

| 序号 | 甲 | 乙 |
|------|------|------|
| 1 | 起势 | 起势 |
| 2 | 弓步推掌 | 马步格掌 |
| 3 | 单踩脚 | 马步按掌 |
| 4 | 弓步顶肘 | 弓步托掌 |
| 5 | 马步冲拳 | 马步砸肘 |
| 6 | 马步架打 | 弓步双冲拳 |
| 7 | 马步格掌 | 弓步推掌 |
| 8 | 马步按掌 | 单踩脚 |
| 9 | 弓步托掌 | 弓步顶肘 |
| 10 | 马步砸肘 | 马步冲拳 |
| 11 | 弓步双冲拳 | 马步架打 |
| 12 | 收势 | 收势 |

# 第二节 少林连环拳精要套路对打动作图解

## 1. 甲乙起势

同"一段少林十三拳精要套路对打"起势（图9-2-1①-⑩）。

①甲乙并步直立

②甲乙并步合十

③甲乙合十鞠躬

④甲乙并步合十

少林连环拳
第六章

少林连环拳指法
第七章

少林连环拳精要套路
第八章

少林连环拳精要套路对打
第九章

⑤甲乙并步直立

⑥甲乙两掌相对

⑦甲乙两掌上托

⑧甲乙两掌下按

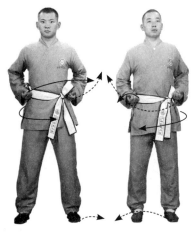

⑨甲乙开步抱拳

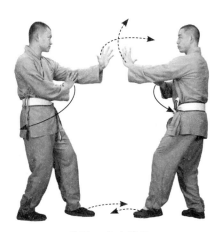

⑩甲乙虚步推掌

图9-2-1 甲乙起势

### 2. 甲弓步推掌、乙马步格掌

甲进左步成左弓步；左掌向前推出，右臂伸直贴于体侧，右手成刁手，手心向上；目视乙方。乙进左步成马步；左掌向左侧外格于甲左掌掌根处，右掌变拳收于腰间；目视左掌（图9-2-2）。

**动作要点：** 推掌与格掌协调一致。

图9-2-2　甲弓步推掌、乙马步格掌

### 3. 甲单踩脚、乙马步按掌

甲右脚向前弹踢；右掌向前插出，高与肩平，左掌变拳收于腰间；目视乙方。乙身体左转，左脚向后退步成马步；右拳变掌按至甲右脚，左掌变拳收于腰间；目视右掌（图9-2-3）。

**动作要点：** 甲迅速弹踢；乙退步快，按掌及时。

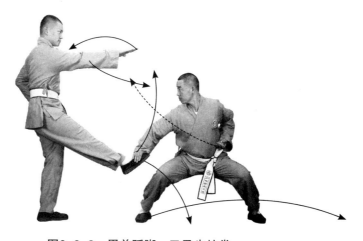

图9-2-3　甲单踩脚、乙马步按掌

### 4. 甲弓步顶肘、乙弓步托掌

甲落右腿成右弓步；右臂屈肘向前顶出，右掌变拳，拳心向下，左臂后摆于体侧，拳心向上；目视乙方。乙身体右转，右脚退步成左弓步；左拳变掌，两掌向上托甲左肘；目视双掌（图9-2-4）。

**动作要点：**甲上步稳定，力达肘尖；乙两掌上托力达掌心。

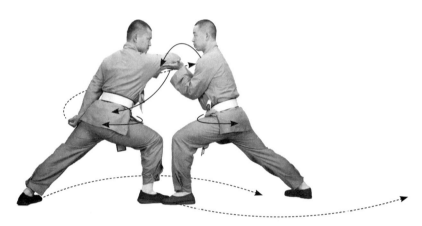

图9-2-4　甲弓步顶肘、乙弓步托掌

### 5. 甲马步冲拳、乙马步砸肘

甲身体右转，左脚向前上步成马步；左拳向前冲出，右拳收于腰间；目视乙方。乙身体左转，左脚退步成马步；左手抓握甲左手腕，右掌变拳，屈右臂向下砸击甲左肘外侧；目视右拳（图9-2-5）。

**动作要点：**甲力达拳面；乙力达肘尖。

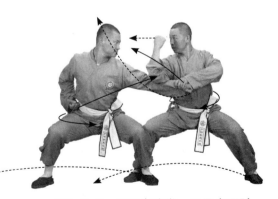

图9-2-5　甲马步冲拳、乙马步砸肘

### 6. 甲马步架打、乙弓步双冲拳

乙身体右转，上左步成左弓步；左手变拳，两拳向前方冲出，拳眼相对；目视甲方。甲身体左转，退左脚成马步；左臂上抬格挡乙双拳，置于头上方，拳眼向下，拳心向外，右拳向乙方冲出，拳心向下；目视右拳（图9-2-6）。

**动作要点：** 甲先架后冲，力达拳面。

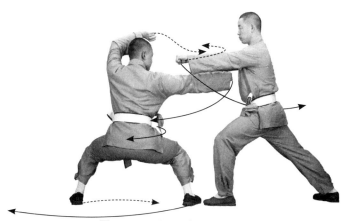

图9-2-6　甲马步架打、乙弓步双冲拳

### 7. 甲马步格掌、乙弓步推掌

乙双拳变掌，左掌向前推出，右臂后摆于体侧；目视甲方。甲身体右转，左右脚换步成马步；左拳变掌，左掌向左侧外格于乙左掌掌根处，右拳收于腰间；目视左掌（图9-2-7）。

**动作要点：** 推掌与格掌协调一致。

图9-2-7　甲马步格挡、乙弓步推掌

### 8. 甲马步按掌、乙单踩脚

乙右脚向前弹踢；右掌向前插出，高与肩平，左掌变拳收于腰间；目视甲方。甲身体左转，左脚向后退步成马步；左掌变拳收于腰间，右拳变掌按至乙右脚；目视右掌（图9-2-8）。

**动作要点**：甲退步快，按掌及时；乙迅速弹踢。

图9-2-8　甲马步按掌、乙单踩脚

### 9. 甲弓步托掌、乙弓步顶肘

乙落右步成右弓步，右掌变拳，右臂屈肘向甲顶出，拳心向下，左臂后摆于体侧；目视甲方。甲身体右转，右脚向后退步成左弓步；左拳变掌，两掌向上托乙右肘；目视双掌（图9-2-9）。

**动作要点**：甲两掌上托力达掌心；乙上步稳定，力达肘尖。

图9-2-9　甲弓步托掌、乙弓步顶肘

## 10. 甲马步砸肘、乙马步冲拳

乙身体右转，上左步成马步，左拳向甲冲出，右拳收于腰间；目视甲方。甲身体左转，左脚退步成马步；左掌抓握乙左手腕，右手变拳，屈臂向下砸击乙左臂外侧，拳眼向右；目视右肘（图9-2-10）。

**动作要点：**甲力达肘尖；乙力达拳面。

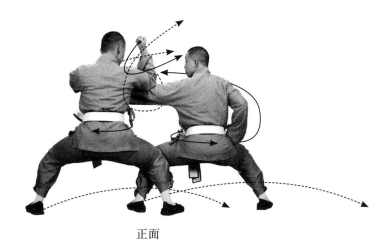

正面

反面

图9-2-10 甲马步砸肘、乙马步冲拳

### 11. 甲弓步双冲拳、乙马步架打

甲身体右转，上左步成左弓步；双拳由腰间向乙冲出，拳心向下；目视乙方。乙身体左转，左脚退步成马步；左臂上抬格挡甲双拳，置于头上方，拳眼向下，拳心向外，右拳向甲冲出，拳心向下；目视右拳（图9-2-11）。

**动作要点：**乙先架后冲，力达拳面。

图9-2-11　甲弓步双冲拳、乙马步架打

### 12. 甲乙收势

同"一段少林十三拳精要套路对打动作"收势（图9-2-12①-⑧）。

①甲乙掏心捶

②甲乙五花坐山

③甲乙并步抱拳

④甲乙并步直立

⑤甲乙两手合十

⑥甲乙合十鞠躬

少林连环拳
第六章

少林连环拳招法
第七章

少林连环拳精要套路
第八章

少林连环拳精要套路对打
第九章

⑦甲乙两手合十　　　　　　　　　　　⑧甲乙并步直立

**图9-2-12　甲乙收势**

# 附录一 少林功夫段位技术功法练习内容

| 技术内容 | | | 一段 | 二段 | 三段 | 四段 | 五段 | 六段 | 七段 | 八段 | 九段 |
|---|---|---|---|---|---|---|---|---|---|---|---|
| 柔功 | 腕功 | 压腕 正压腕 | √ | | | | | | | | |
| | | 压腕 反压腕 | √ | | | | | | | | |
| | | 挑腕 | √ | | | | | | | | |
| | | 抖腕 | √ | | | | | | | | |
| | 肩功 | 压肩 正压肩 | √ | | | | | | | | |
| | | 压肩 反压肩 | √ | | | | | | | | |
| | | 压肩 侧压肩 | √ | | | | | | | | |
| | | 搬肩 正搬肩 | | √ | | | | | | | |
| | | 搬肩 反搬肩 | | √ | | | | | | | |
| | | 绕肩 前绕肩 | √ | | | | | | | | |
| | | 绕肩 后绕肩 | √ | | | | | | | | |
| | | 绕肩 交叉绕肩 | √ | | | | | | | | |
| | | 绕肩 握杆转肩 | | √ | | | | | | | |

| 技术内容 | | | | 一段 | 二段 | 三段 | 四段 | 五段 | 六段 | 七段 | 八段 | 九段 |
|---|---|---|---|---|---|---|---|---|---|---|---|---|
| 柔功 | 腿功 | 压腿 | 正压腿 | 前压腿 | | ✓ | | | | | | | |
| | | | | 平压腿 | | ✓ | | | | | | | |
| | | | | 低压腿 | | ✓ | | | | | | | |
| | | | | 高压腿 | | ✓ | | | | | | | |
| | | | 侧压腿 | 侧平压腿 | | ✓ | | | | | | | |
| | | | | 侧高压腿 | | ✓ | | | | | | | |
| | | | 后压腿 | 后低压腿 | | | ✓ | | | | | | |
| | | | | 后平压腿 | | | ✓ | | | | | | |
| | | 搬腿 | 正搬腿 | | | ✓ | | | | | | | |
| | | | 侧搬腿 | | | ✓ | | | | | | | |
| | | | 后搬腿 | | | ✓ | | | | | | | |
| | | 劈叉 | 竖叉 | | | | ✓ | | | | | | |
| | | | 横叉 | | | | | ✓ | | | | | |
| | 腰功 | 涮腰 | | | | | ✓ | | | | | | |
| | | 保护下腰 | | | | | | ✓ | | | | | |
| | | 独立下腰 | | | | | | | ✓ | | | | |

（续表）

| 技术内容 | | | 一段 | 二段 | 三段 | 四段 | 五段 | 六段 | 七段 | 八段 | 九段 |
|---|---|---|---|---|---|---|---|---|---|---|---|
| 臂功 | 两掌俯卧撑 | | ✓ | | | | | | | | |
| | 两拳俯卧撑 | | | ✓ | | | | | | | |
| | 铁牛耕地 | | | | | ✓ | | | | | |
| | 蛇行术 | | | ✓ | | | | | | | |
| 鼎功 | 保护倒立 | | | | | | ✓ | | | | |
| | 靠墙倒立 | | | | ✓ | | | | | | |
| | 头手倒立 | | | | | ✓ | | | | | |
| | 独立倒立 | | | | | | ✓ | | | | |
| 桩功 | 马步桩 | | ✓ | | | | | | | | |
| | 弓步桩 | | ✓ | | | | | | | | |
| | 跑桩功 | | | ✓ | ✓ | | | | | | |
| | 梅花桩（走桩功） | | | | | ✓ | | | | | |
| | 梅花桩 | | | | | | | ✓ | | | |

| | | 技术内容 | 一段 | 二段 | 三段 | 四段 | 五段 | 六段 | 七段 | 八段 | 九段 |
|---|---|---|---|---|---|---|---|---|---|---|---|
| 硬功 | 打功 | 举石锁 | ✓ | | | | | | | | |
| | | 打蜡烛 | ✓ | | | | | | | | |
| | | 打沙包 | ✓ | ✓ | | | | | | | |
| | | 打干层纸 | | | | ✓ | | | | | |
| | | 提干金 | | | | | | | | ✓ | |
| | | 石锁上拳 | | | | | | | | | ✓ |
| | 踢功 | 屈膝纵跳 | | ✓ | | | | | | | |
| | | 打踢沙包 | | | ✓ | | | | | | |
| | | 脚挑沙袋 | | ✓ | | | | | | | |
| | 拿功 | 上罐功 | | | | | | ✓ | | | |
| | | 提罐功 | | | | | | | ✓ | | |
| | | 抓罐功 | | | | | ✓ | | | | |
| | | 鹰爪功 | | | | ✓ | | | | | |
| | | 汤石锁 | | | | ✓ | | | | | |
| | | 单人抛接沙袋 | | | | | ✓ | | | | |
| | 掌功 | 靠沙包 | | | | | ✓ | | | | |

| | 技术内容 | 一段 | 二段 | 三段 | 四段 | 五段 | 六段 | 七段 | 八段 | 九段 |
|---|---|---|---|---|---|---|---|---|---|---|
| 硬功 | 摔功 | 前滚翻 | | | | | | | √ | | |
| | | 侧摔 | | | | | | | √ | | |
| | | 栽碑 | | | | | | | | √ | |
| | | 抢背 | | | | | | | | | √ |
| | 其他 | 双人仰卧起坐 | | √ | | | | | | | |
| | | 仰卧起坐 | | | √ | | | | | | |
| | | 元宝挺 | | | | √ | | | | | |
| | | 助木举腿 | | | | √ | | | | | |
| | | 两头起 | | | √ | | | | | | |

| 练习类别 | | 练习内容 | 一段 | 二段 | 三段 | 四段 | 五段 | 六段 | 七段 | 八段 | 九段 |
|---|---|---|---|---|---|---|---|---|---|---|---|
| 体能类 | 打法 | 双推掌 | ∨ | | | | | | | | |
| | | 拉手较力 | ∨ | | | | | | | | |
| | 踢法 | 刁手挤腿 | | ∨ | | | | | | | |
| | 拿法 | 对顶短棍 | | | | ∨ | | | | | |
| | | 掰腕较力 | | | | ∨ | | | | | |
| | | 对打短棍 | | | | | ∨ | | | | |
| | | 双人抛接沙袋 | | | | | | ∨ | | | |
| | | 双人抛接石锁 | | | | | | | ∨ | | |
| | 靠法 | 定步三靠臂 | | | | | ∨ | | | | |
| | | 活步三靠臂 | | | | | | ∨ | | | |
| | 捧法 | 互背捧 | | | | | | | ∨ | | |

| 练习类别 | | 练习内容 | 一段 | 二段 | 三段 | 四段 | 五段 | 六段 | 七段 | 八段 | 九段 |
|---|---|---|---|---|---|---|---|---|---|---|---|
| 技能类 | 打法 | 冲拳击掌 | ✓ | | | | | | | | |
| | | 推掌击掌 | ✓ | | | | | | | | |
| | | 格挡冲拳 | ✓ | | | | | | | | |
| | | 拦掌推掌 | ✓ | | | | | | | | |
| | 踢法 | 弹踢踩脚 | | ✓ | | | | | | | |
| | | 勾踢提膝 | | ✓ | | | | | | | |
| | | 蹬踢抱腿 | | ✓ | | | | | | | |
| | | 侧踹勾挂 | | ✓ | | | | | | | |
| | 拿法 | 单手刁拿 | | | | ✓ | | | | | |
| | | 抓肩错臂 | | | | ✓ | | | | | |
| | | 金丝缠腕 | | | | | | ✓ | | | |
| | 靠法 | 胸靠 | | | | | | ✓ | | | |
| | | 肩靠 | | | | | ✓ | | | | |
| | | 背靠 | | | | | ✓ | ✓ | | | |
| | | 髋靠 | | | | | | ✓ | | | |
| | 摔法 | 臂挑肩背 | | | | | | | | ✓ | |
| | | 挑腿背摔 | | | | | | | | | ✓ |

# 附录三 少林功夫二段技术视频目录

| 段位 | 技术类别 | 视频内容 | 二维码 |
|---|---|---|---|
| 二段 | 组合练习 | 金刚捣碓 | |
| | | 勾手弹踢 | |
| | | 拍脚探爪 | |
| | 少林连环拳 | 少林连环拳正面示范 | |
| | | 少林连环拳反面示范 | |
| | 少林连环拳招法 | 弓步推掌——马步格掌 | |
| | | 单拍脚——马步按掌 | |
| | | 弓步顶肘——弓步托掌 | |
| | | 马步冲拳——马步栽肘 | |
| | | 弓步双冲拳——马步架打 | |
| | 少林连环拳精要套路 | 少林连环拳精要套路正面示范 | |
| | | 少林连环拳精要套路反面示范 | |
| | | 少林连环拳精要套路上半段正面示范 | |
| | | 少林连环拳精要套路上半段反面示范 | |

| 段位 | 技术类别 | 视频内容 | 二维码 |
|---|---|---|---|
| 二段 | 少林连环拳精要套路 | 少林连环拳精要套路下半段正面示范 | |
| | | 少林连环拳精要套路下半段反面示范 | |
| | 少林连环拳精要套路对打 | 少林连环拳精要套路对打正面示范 | |
| | | 少林连环拳精要套路对打反面示范 | |

附录